汉语语法隐喻研究

Research on Grammatical Metaphor in Chinese

杨延宁 著

图书在版编目 (CIP) 数据

汉语语法隐喻研究 / 杨延宁著. —北京：北京大学出版社，2020.8
ISBN 978-7-301-31344-2

Ⅰ.①汉⋯ Ⅱ.①杨⋯ Ⅲ.①汉语 – 隐喻 – 研究 Ⅳ.① H15

中国版本图书馆 CIP 数据核字 (2020) 第 104475 号

书　　　名	汉语语法隐喻研究 HANYU YUFA YINYU YANJIU
著作责任者	杨延宁　著
责任编辑	崔　蕊
标准书号	ISBN 978-7-301-31344-2
出版发行	北京大学出版社
地　　　址	北京市海淀区成府路 205 号　100871
网　　　址	http://www.pup.cn　　新浪微博：@北京大学出版社
电子信箱	zpup@pup.cn
电　　　话	邮购部 010-62752015　发行部 010-62750672　编辑部 010-62754144
印刷者	天津中印联印务有限公司
经销者	新华书店 720 毫米 ×1020 毫米　16 开本　12.5 印张　229 千字 2020 年 8 月第 1 版　2020 年 8 月第 1 次印刷
定　　　价	48.00 元

未经许可，不得以任何方式复制或抄袭本书之部分或全部内容。
版权所有，侵权必究
举报电话：010-62752024　电子信箱：fd@pup.pku.edu.cn
图书如有印装质量问题，请与出版部联系，电话：010-62756370

国家社科基金后期资助项目
出版说明

后期资助项目是国家社科基金设立的一类重要项目,旨在鼓励广大社科研究者潜心治学,支持基础研究多出优秀成果。它是经过严格评审,从接近完成的科研成果中遴选立项的。为扩大后期资助项目的影响,更好地推动学术发展,促进成果转化,全国哲学社会科学工作办公室按照"统一设计、统一标识、统一版式、形成系列"的总体要求,组织出版国家社科基金后期资助项目成果。

全国哲学社会科学工作办公室

目 录

第一章 目的与方法 …………………………………………… 1
1.1 基本概念 …………………………………………………… 2
1.2 研究目的 …………………………………………………… 3
1.3 研究方法 …………………………………………………… 6
1.4 各章内容简述 ……………………………………………… 7

第二章 语法隐喻研究的核心方向 …………………………… 10
2.1 语法隐喻的本质 …………………………………………… 10
    2.1.1 第一阶段:词汇隐喻在语法层面的对应体 ………… 10
    2.1.2 第二阶段:语义层和词汇语法层的组配关系 ……… 14
    2.1.3 第三阶段:跨语法级阶语义范畴 …………………… 18
2.2 语法隐喻的分类方法 ……………………………………… 21
    2.2.1 概念隐喻的具体分类 ………………………………… 21
    2.2.2 人际隐喻的具体分类 ………………………………… 31
2.3 语法隐喻和语言演变的关系 ……………………………… 34
    2.3.1 语言历史轴研究 ……………………………………… 35
    2.3.2 语言习得轴研究 ……………………………………… 36
2.4 语法隐喻同语境变化的关系 ……………………………… 38
    2.4.1 语域和语法隐喻 ……………………………………… 38
    2.4.2 语法隐喻的内在动力 ………………………………… 39
    2.4.3 国内外应用型研究 …………………………………… 40
2.5 总结 ………………………………………………………… 41

第三章 汉语系统功能分析框架 ……………………………… 42
3.1 原则与视角 ………………………………………………… 42
    3.1.1 建立汉语系统功能分析框架的原则 ………………… 42
    3.1.2 横向与纵向视角 ……………………………………… 43

- 3.2 汉语小句的表意功能分析 ······ 44
  - 3.2.1 汉语过程类型的不同理解 ······ 45
  - 3.2.2 过程类型再分析 ······ 46
  - 3.2.3 汉语中的环境成分 ······ 52
  - 3.2.4 及物性系统的实现方式 ······ 56
- 3.3 汉语小句的谋篇功能分析 ······ 57
  - 3.3.1 传统分析 ······ 57
  - 3.3.2 系统功能分析 ······ 59
  - 3.3.3 特殊的汉语小句主位 ······ 60
  - 3.3.4 主位系统及其实现形式 ······ 61
- 3.4 汉语小句的人际功能分析 ······ 62
  - 3.4.1 人际系统的主要成分 ······ 62
  - 3.4.2 汉语语气系统 ······ 64
  - 3.4.3 汉语情态系统 ······ 65
  - 3.4.4 汉语中的主观与客观情态 ······ 67
  - 3.4.5 语气和情态系统的实现方式 ······ 68
- 3.5 其他语法单位的分析 ······ 69
  - 3.5.1 汉语中的小句复合体 ······ 69
  - 3.5.2 汉语中的关联词和关系副词 ······ 70
  - 3.5.3 汉语中的词组 ······ 71
- 3.6 总结 ······ 74

第四章 汉语语法隐喻的识别 ······ 75

- 4.1 汉语语法隐喻识别的依据 ······ 75
  - 4.1.1 语法隐喻的三大主题 ······ 75
  - 4.1.2 概念隐喻和人际隐喻的共通性 ······ 76
- 4.2 汉语语义层描述 ······ 76
  - 4.2.1 谋篇维度 ······ 77
  - 4.2.2 人际维度 ······ 77
  - 4.2.3 表意维度 ······ 78
- 4.3 汉语跨语法级阶语义范畴 ······ 78
  - 4.3.1 扩充语义 ······ 79
  - 4.3.2 投射语义 ······ 80
  - 4.3.3 情态语义 ······ 80

  4.3.4 言语功能 ·· 81
4.4 一致式和隐喻式实现方式 ··· 81
  4.4.1 一致式实现方式 ·· 82
  4.4.2 隐喻式实现方式 ·· 83
4.5 识别中涉及的语言现象 ·· 86
  4.5.1 汉语兼类词 ·· 86
  4.5.2 语气词 ·· 88
  4.5.3 "是……的"和"有……"结构 ··································· 90
4.6 总结 ·· 91

第五章 汉语语法隐喻分类 ·· 92
5.1 汉语语法隐喻分类框架 ·· 92
  5.1.1 概念隐喻分类框架 ··· 92
  5.1.2 人际隐喻分类框架 ··· 93
5.2 概念隐喻分类 ·· 94
  5.2.1 以事物为指向的转移 ··· 94
  5.2.2 以性状为指向的转移 ··· 99
  5.2.3 以过程为指向的转移 ··· 101
  5.2.4 以环境为指向的转移 ··· 102
  5.2.5 指向修饰成分的转移 ··· 103
  5.2.6 无一致式隐喻 ·· 104
  5.2.7 概念隐喻分类汇总 ··· 104
5.3 人际隐喻分类 ·· 106
  5.3.1 语气隐喻 ··· 106
  5.3.2 情态隐喻 ··· 110
5.4 总结 ·· 112

第六章 汉语书面语中语法隐喻的使用 ································ 113
6.1 语料和数据收集 ·· 113
  6.1.1 汉语理科教材 ·· 113
  6.1.2 小语料 ··· 115
  6.1.3 分析对象 ··· 117
6.2 语料处理 ·· 117
  6.2.1 语法隐喻的识别 ·· 118

6.2.2　语法隐喻使用的统计 …………………………………………… 118
6.3　发现与分析 ……………………………………………………………… 119
　　6.3.1　汉语中语法隐喻的分布特征 …………………………………… 119
　　6.3.2　语法隐喻集合体 ………………………………………………… 124
　　6.3.3　语体和语言复杂度对汉语语法隐喻的影响 …………………… 130
6.4　总结 ……………………………………………………………………… 135

第七章　汉语口语中语法隐喻的使用 …………………………………… 136
7.1　语法隐喻与口语 ………………………………………………………… 136
　　7.1.1　口语和书面语的区分 …………………………………………… 136
　　7.1.2　语法隐喻和汉语口语 …………………………………………… 138
7.2　语料库选择和语料分析 ………………………………………………… 139
　　7.2.1　汉语语料库选择 ………………………………………………… 139
　　7.2.2　语料分析 ………………………………………………………… 141
7.3　汉语口语中语法隐喻的分布特征 ……………………………………… 141
　　7.3.1　语气隐喻 ………………………………………………………… 142
　　7.3.2　情态隐喻 ………………………………………………………… 144
7.4　人际隐喻的跨语域分布 ………………………………………………… 148
7.5　总结 ……………………………………………………………………… 151

第八章　汉英语法隐喻对比 ………………………………………………… 152
8.1　汉英语言类型学差异 …………………………………………………… 152
　　8.1.1　语法单位排序 …………………………………………………… 152
　　8.1.2　语法细致度 ……………………………………………………… 154
　　8.1.3　语法实现范畴 …………………………………………………… 156
8.2　汉英概念隐喻对比 ……………………………………………………… 158
　　8.2.1　识别特征 ………………………………………………………… 158
　　8.2.2　分类特征 ………………………………………………………… 161
　　8.2.3　使用程度 ………………………………………………………… 163
8.3　汉英人际隐喻对比 ……………………………………………………… 167
　　8.3.1　识别特征 ………………………………………………………… 168
　　8.3.2　分类特征 ………………………………………………………… 169
　　8.3.3　使用程度 ………………………………………………………… 171
8.4　总结 ……………………………………………………………………… 180

第九章 结论与未来研究方向 …… 182
9.1 研究结论 …… 182
9.1.1 语法隐喻理论 …… 182
9.1.2 汉语中的语法隐喻 …… 183
9.1.3 汉英语法隐喻的差异 …… 184
9.2 未来研究方向 …… 184

参考文献 …… 186

第一章　目的与方法

　　形式和意义的关系是语言学研究的核心课题之一。本书的目的是借助语法隐喻现象的分析，深入探讨汉语中形式与意义的复杂互动关系，同时从语言类型学角度对汉语和英语在形义互动上的差异进行解读。在人类语言不断发展的过程中，自然而然地出现了形式与意义的分离。随着词汇语法形式的丰富和意义表达需求的不断拓展，形式和意义的关系变得日趋复杂。如何有效描述和解释形义之间的复杂关系，成为语言学家们必须面对的问题。不同语言学流派对这一问题有各自不同的理解，但是谁都无法忽视该课题对于深入挖掘语言本质的重要意义。以 Chomsky 为代表的生成学派取得了一系列具有里程碑意义的研究成果。但是该学派对于形式与意义的关系始终关注不够，不能不说是一种遗憾。20 世纪 80 年代兴起的认知语言学学派，极度关注形式和意义的关系。归属于该学派的构式语法理论更是将形式与意义的关系作为其研究的根本。而系统功能语言学的创始人 Halliday 在 20 世纪 80 年代提出语法隐喻概念，随后以此概念为基础发展出独立的理论体系，为探讨形式与意义的关系找到了新的思路。

　　从语法隐喻概念提出至今的 30 多年时间里，系统功能学派及相关学派的学者开展了大量同语法隐喻有关的研究，极大地深化了对形式与意义关系的理解。但是迄今为止，相关研究尚未对英语之外的语法隐喻现象进行过系统化的实证研究。本书以真实语料为基础，细致描述和解释汉语语法隐喻的各方面特征，希望弥补这方面研究的不足，使语法隐喻研究具有更加开阔的视野。同时本书对语法隐喻形成机制的讨论可以更好地揭示形义互动的内在规律，从书面语和口语两个层面丰富对汉语的理解。从语言类型学角度看，汉语和英语分属不同的语系，在多个方面呈现出较大差别。汉英语法隐喻的对比分析，既有助于以外部视角理解汉语语法隐喻的特征，也有利于语法隐喻理论本身的完善。因此，汉英语法隐喻对比分析也是本书的重要组成部分。为了展开讨论，首先需要简单介绍语法隐喻的基本概念，并说明语言隐喻在语言本质研究中的重要价值。

1.1 基本概念

语法隐喻现象产生的根源是人类语言的层级化属性。任何一种语言都可以看作是一个复杂的多层级符号体系（Halliday and Matthiessen, 1999），其中非常重要的两个层级是语义层和词汇语法层。语义层的作用在于将人类对世界的复杂体验具体化为包含多种区别特征的意义体系，而词汇语法层的存在则是为了将特定语义进一步转化为实际表达。Halliday and Matthiessen (1999) 认为语义层和词汇语法层是靠实现关系联系在一起的，即特定语义由具体词汇语法形式来实现。

在语言演变的过程中，语义层和词汇语法层之间的实现关系最先表现为简单的一一对应关系，即"一致式"实现关系。比如，表达单一独立事件发生的语义由小句来实现，而表示若干关联事件发生的语义则由两个或两个以上小句构成的复合体来实现。随着人类语言的发展，语义层和词汇语法层之间开始出现新的"非一致式"实现关系。比如，表示若干关联事件发生的语义也可以通过小句来表达。重要的是，这一蕴含事件逻辑关系的小句会比一般小句具备更丰富的语义特征。换言之，词汇语法层的变化又反向作用于语义层，使语义层和词汇语法层之间展现出一种复杂的互动关系。正是这种关系构成了语法隐喻现象出现的先决条件。Halliday and Matthiessen (1999: 7) 将语法隐喻现象描述为"某种语言中一组语义上同源的语法表达，其出现的背景是该语言的语义层和语法层之间存在着复杂的互动关系"。这一描述是迄今为止对语法隐喻现象最清晰的描述。本书将该描述作为识别、分析和解释汉语中语法隐喻现象的重要依据。

语法隐喻概念的提出在语言学研究中具有里程碑意义。这一概念极大地加深了我们对语言本质、语言演变以及语言和语境相互关系的理解。作为同时涉及语义层和词汇语法层的语言现象，语法隐喻对于加深这两个语言层级的理解都有重要意义。就词汇语法层而言，这一概念将传统的"隐喻"概念由词汇领域扩充到语法领域。"隐喻"在文学作品研究中有悠久的传统。在 Lakoff and Johnson(1985) 从认知角度对"隐喻"进行新的解读后，更是引发了一波"隐喻"研究的浪潮。但在已有的研究中，"隐喻"通常被视作一种词汇现象，指表达同一含义的不同词语。事实上，在语法范畴内同样存在着"隐喻"现象，即"不同的语法形式被用来表达相同的语义"（Halliday, 1985a: 320）。由此可见，语义的表达可能涉及词汇和语法领域的选择，而这些选择都遵循的"隐喻"规则，本质上是一致的。就语义层而言,语法隐喻概念帮助人们更好地理解语义资源的扩充方式。语法隐喻为同一语义的表达提供了新的方式,但是这并不意味着新的表达方式是对原有表达方式的简单重复。事实上,新的表达形式必然带来新的语义特征。正如 Halliday and Matthiessen(1999)所言,语法隐喻为语义体系构建了一个全新的维度。而新的语义维度和旧的维度之间是一种 value-token 的关系。语法隐喻不是单纯的词汇语法层面的改变,而是语义层面和词汇语法层面全新的互动关系。这一概念的引入,可以帮助人们更好地理解语义构建和语法表达怎样在互动中不断发展进步,进而加深对语言本质的理解。

鉴于其理论上的重要性,系统功能语言学派及相关学派的学者在过去 30 余年的时间里开展了一系列关于语法隐喻的研究(比如,Halliday 1985a,1998;Halliday and Matthiessen 1999,2004;Ravelli 1985,2003;Taverniers,2003;胡壮麟,2000;朱永生、严世清,2000;等等)。这些研究大体集中于两个方面,即语言演变研究和语体特征研究。第一个方面的研究成果又可细分为两个方向。Halliday(1988)和 Banks(2003)分别分析了过去几个世纪的科技语篇样本,提出语法隐喻现象在人类语言发展过程中呈递增态势。Derewianka(1995)、Painter(2003)和 Torr and Simpson(2003)则通过跟踪和分析儿童语言发展实例,证明语法隐喻在儿童语言发展过程中逐步增多。相对而言,语法隐喻理论在语体特征研究中的应用则更加多样化。Halliday(1985b)和 Ravelli(1985)的研究都表明语法隐喻现象主要出现在书面语中,其使用程度同篇章结构有密切关系。Martin(1993a)和 Halliday and Matthiessen(1999)则指出语法隐喻在涉及不同语场(Field)的语篇中功能不同。语法隐喻同语言发展和语体特征关系的探讨引发了更多的相关应用性研究。这里提到的研究只是大量语法隐喻中比较重要的一部分。本书第二章会对这些研究进行详细的回顾和评价。

1.2 研究目的

在过去 30 多年时间里,学者们围绕语法隐喻概念展开了大量的研究,取得了丰硕的成果。但是,和许多语言现象的研究类似,语法隐喻研究主要以英语为分析对象,较少关注该现象在其他语言中的表现形式和使用特征。语法隐喻现象源于语义层和词汇语法层的互动,从理论上讲,该现象在任何一种语言中都或多或少地存在。为了使语法隐喻理论对所有人类语言分析都具有普遍意义,有必要开展英语之外其他语言的语法隐喻研究。从另一个角度看,每种语言的语义构建模式和语法表达方式都未必相同。因此,语法隐喻在不同语言中有可能表现出不同的特征。以其他语言为分析对象,可以揭示语法隐喻在英语中无法展现的特点,进而完善语法隐喻理论本身。

经过30多年的积累,语法隐喻研究已经进入高原期。同时,对英语研究的过度倚重,形成了语法隐喻理论发展的瓶颈。本书旨在突破这一研究瓶颈,对汉语中的语法隐喻现象进行系统化研究。以此为基础,本书对汉语和英语中的语法隐喻现象进行对比,揭示其差异和共同点。本书首先讨论汉语中语法隐喻的识别方法、分类标准和分布特征。已有的语法隐喻识别方法及分类标准都是针对英语提出的,在很多方面未必适用于汉语。本书分析真实的汉语语言材料,建立起汉语语法隐喻识别和分类的理论框架。以此为基础,本书通过语料库分析的方法,描述语法隐喻在汉语中的分布特征。由于语法隐喻在口语和书面语中的展现形式并不相同,本书使用的语料库包括口语语料和书面语语料两个部分。汉语语法隐喻的识别和分类属于奠基性的工作,需要对汉语的语义和词汇语法体系进行多角度分析,工作量相当大。但是,这项工作提供了可操作性较强的分析框架,有助于未来从形义互动的角度对汉语进行深入探讨。

汉英语法隐喻的对比研究同样从识别、分类和分布三个方面展开,全面揭示该现象在两种语言中的异同点。本书还对汉英语法隐喻的不同之处进行了分析,从语言类型学角度对相关差异进行了解释。汉英语法隐喻的不同体现的是两种语言在语义层和词汇语法层系统性的差异。

除了分析汉语语法隐喻和对比该现象的汉英差异,本书的另一个重要目的是完善语法隐喻理论本身。汉语和英语分属不同语系,语言类型学各方面特征都有明显差异。汉语中的语法隐喻现象的深入讨论,以及汉英两大语言中语法隐喻的对比,为丰富和完善语法隐喻理论提供了新的思路。综上所述,本书有以下三大研究目的:

1. 系统描述汉语语法隐喻的识别方法、分类标准和分布特征;
2. 揭示汉语和英语中语法隐喻的异同点并从语言类型学角度做出解释;
3. 以前两项工作的研究所得为基础,丰富和完善语法隐喻理论。

为了实现这三大研究目的,首先要解决一系列的实际问题。为了识别某种语言中的语法隐喻现象,必须对该语言语义层和词汇语法层的"一致式"和"非一致式"实现关系有清楚的描述。已有的语法隐喻研究在这方面做了大量的工作。但是,有关的描述都是针对英语的语义和词汇语法体系的,并不完全符合汉语的语言现实。因此,为了识别汉语中的语法隐喻现象,首先就需要理清汉语中语义层和词汇语法层之间的"一致式"和"非一致式"实现关系。由于这方面工作没有以往的研究可以借鉴,本书专门设立一章来进行讨论。具体而言,本书首先勾勒出汉语中各类语义关系的基本框架,随后探讨汉语词汇语法层在相同语义表达中的多种选择。以此为基础,本书详细辨析不同语义单位在词汇语法层的实现手段,确定其"一致式"及"非一致式"表达方式。

前人研究为语法隐喻现象的分类提供了多种模式,第二章会有详细的介绍。需要说明的是,这些已有分类模式的建立以英语语言事实为基础,在汉语中未必完全适用。比如,部分在英语中存在的语法隐喻类型在汉语中就未必存在,而汉语中也可能存在一些不同于英语的语法隐喻类型。因此,本书使用的汉语语法隐喻分类标准及方法,以汉语语言事实为基础,通过检验汉语义层和词汇语法层的匹配关系来确定。

语法隐喻现象在汉语中的分布特征是通过语料库分析的方法来获得的。本书使用的语料库由书面语语料和口语语料构成。书面语语料取自理科教材,口语语料则从已有的大型口语语料库中抽取。作者首先借助本书建立的汉语语法隐喻分类标准,通过语料分析来确定各大类和各次类语法隐喻在汉语中的分布特征。在此基础之上,本书讨论了各类型语法隐喻之间的内在联系,确定哪些语法隐喻类型会以集群的形式出现。进一步的语料库分析以"语法隐喻集合体"为重点,目的在于确定该现象在汉语中的使用特点、出现频率和分布状态。除了语法隐喻的类型分布特征和集群使用特征,本书还借助语料分析来探讨语境因素和语言演进对汉语语法隐喻使用情况的影响。通过对比不同语域和语体的语料中语法隐喻使用程度的差异,我们可以判定语境变化和语法隐喻使用的内在联系。而不同复杂程度的语料中语法隐喻使用程度的差异,则可以说明语言习得过程对语法隐喻的影响。

本书最后的部分对比了汉语和英语中的语法隐喻现象,重点依旧放在该现象的识别、分类和分布这三大要素。具体分析聚焦在三个方面:第一,汉英语法隐喻的识别难易度;第二,汉英语法隐喻的类别差异;第三,汉英语法隐喻的使用量的多寡。更重要的是,本书通过语言类型学分析解释了汉英语法隐喻在上述三个方面的差别。

功能语言学认为语言有三大元功能,即表意功能、人际功能和谋篇功能,也可以称作语言功能的三个维度。语法隐喻在表意维度和人际维度都有所体现,分别称为概念语法隐喻(如无特别说明,以下简称概念隐喻)和人际语法隐喻（如无特别说明，以下简称人际隐喻）。已有的语法隐喻研究大多专注于概念隐喻，对人际隐喻的触及较少，形成了相关研究的另一个瓶颈。作者认为这两个维度的语法隐喻应该受到同等的重视。因此，本书对于语法隐喻三大要素，即识别、分类和分布的讨论，都同时从这两个维度展开。这种讨论方式为未来针对两类语法隐喻的研究以及两类语法隐喻相互关系的研究提供了一个完备的讨论框架。这也是本书不同于以往语法隐喻研究的一大特点。

1.3 研究方法

本书在研究方法上有两大特点：首先是强调以真实语料为基础进行现象分析，其次是贯彻理论分析与实证研究相结合的研究思路。特定语言现象往往会集中出现于某些类型的语料中，因此本书在选取语料时也表现出了一定的倾向性。作为语法隐喻的两大类型，概念隐喻和人际隐喻分别集中出现在科技语篇和日常会话中。因此，本书分别选取了这两类语料作为分析语法隐喻现象的基础。为了使实际分析的语料规模在可控范围之内，本书将语料选择的过程分为两个阶段。首先，作者分别选择在大学和中学使用的两套最新版本物理及化学教材，作为概念隐喻分析的原始语料。以此为基础，本书又按照语体分布特征从原始语料中抽取了一部分语篇，构成规模较小的语料。同样道理，人际隐喻的语料也由大小两部分组成，原始语料是规模达到一亿字的汉语口语语料库，而小语料还是从原始语料中抽取，考虑的主要因素是语篇的语域特征。

大小语料在本研究中发挥着不同的作用。大语料不仅仅是小语料的基础和来源，更重要的是，本书的所有例证均出自大语料，保证其真实性。书中的例子都有具体出处，可以很容易地在大语料中找到。有些例子语句过长，进行了适当的删减。其中，概念隐喻例证出处标注的代码，由两个英文字母和一个数字构成，分别代表等级、科目和册数，如表1.1所示：

表1.1 概念隐喻例证出处代码

科目		中学	大学
物理	第一册	SP1	UP1
	第二册	SP2	UP2
化学	第一册	SC1	UC1
	第二册	SC2	UC2

小语料则主要用于对语法隐喻现象的量化分析。从理科教材中抽取的小语料，由37个语篇构成。对该语料的量化分析揭示了不同类型概念隐喻的分布特征和聚合特征。从口语语料库抽取的小语料，由40个对话语篇构成，主要用于人际隐喻现象的人工量化分析，以弥补大型语料库自动检索的不足之处。

本书研究方法的另外一大特征是理论分析和实证研究的结合。书中关于语法隐喻主要特征的论述都兼顾了这两个方面的内容。针对语法隐喻在汉语中的识别和分类的讨论主要从理论分析的角度展开，而该现象在汉语中的分布特征则通过分析真实语料的方法来获得。全书后半部分的汉英语法隐喻对比研究，则从理论和实证两个方面同时展开。本书特别强调理论分析和实证研究相结合，主要原因在于语法隐喻概念植于强大的理论体系，但其主要特征的描述与解释又必须通过真实语料分析来实现。应该说，理论探讨为真实语料分析搭建了框架，而以语料分析为基础的实证研究能够揭示理论分析的不足，并为下一步研究指明方向。

需要说明的是，本书对于实际例证的语法及语义分析，在系统功能语言学的理论框架内展开，具体描述涉及大量的术语，而且这些术语最初都以英文形式出现。因此，本书就必然要面对将英文术语转化为汉语的问题。在绝大多数情况下，本书的术语借鉴使用已有研究，尊重约定俗成的译法。只有在个别情况下，本书使用了一些独特的术语译法，以满足较为特殊的表达需求。比如，在系统功能语言学的语义层描写中，"Element""Figure"和"Sequence"指从小到大的三层语义单位。本书参考Halliday的意见（2005年和2011年的两次讨论），将其译为"成分""构型"和"构型列"，这种译法没有拘泥于英文词语的本义，更多是依据其内涵进行阐释。

1.4　各章内容简述

包括本章在内，全书共分为九章。第二章详细回顾了同语法隐喻有关的研究，为随后各章节内容的讨论提供坚实的基础。另一方面，作者也借助文献回顾的机会，对已有相关研究进行了梳理，提出语法隐喻研究的四个核心方向，即本质探讨、现象分类、语言演进和语境研究。这四个核心方向的确定，为本书及未来的语法隐喻研究指出了清晰的路径，其本身就是对语法隐喻理论的重要补充。第二章以后其他各章的内容，都是围绕这四个方向展开的。

第三章旨在建立一个对汉语进行功能分析的框架，并借此描述汉语中的特定语义如何在词汇语法层得到实现。分析框架的建立主要依赖于成熟的系统功能语言学理论体系,同时借鉴了其他语言学流派中汉语语言现象分析的成功经验。整个分析框架依据三大元功能,即表意功能、人际功能和谋篇功能,划分为三个大的部分。每个部分讨论和分析的最终目的,都在于描述特定元功能在词汇语法层面的完整实现体系,并通过图表的形式加以呈现。对应于表意、人际和谋篇这三大元功能,该章最终建立了汉语中及物性、主位和语气这三大语法实现体系。有关的讨论以小句为主要语法单位,但对构成小句的词组和小句构成的复合句也进行了充分的分析。

第四章以第三章建立的语法实现体系为基础,讨论如何在汉语中对语法隐喻现象进行识别。该章首先确定识别语法隐喻现象的核心问题,即同一语义如何以不同的形式在词汇语法层得到实现。通过这一问题的讨论,该章梳理了汉语中语义单位和语法单位之间的基本搭配关系,并进一步确定了同一语义单位的"一致式"和"隐喻式"表达方式。为了方便汉语中语法隐喻现象的识别,该章还讨论了三种同"隐喻式"表达密切相关的独特汉语语言现象。

第五章主要讨论概念隐喻和人际隐喻这两大类语法隐喻的具体分类方法。依据语义成分之间的转换关系,概念隐喻被划分为13个类别。每个类别又依据语法成分之间的转换关系进行了更具体的区分。人际隐喻主要同语气和情态的表达有关,因而可以进一步划分为两类。同语气表达有关的人际隐喻主要同命令、陈述和提问等语义的不同语法呈现形式有关,因而可以据此进行更具体的划分。而同情态有关的人际隐喻的具体划分则要考虑不同情态模式,涉及可能性、规律性、倾向性和强制性的具体表达方法。该章的语法隐喻类别划分使接下来两章的实证分析具备了可操作性。

第六章是针对概念隐喻的实证分析。如前文所述,本研究使用理科教材作为汉语中概念隐喻分析的原始语料。该章运用各种统计学方法,确定汉语中各类概念隐喻的分布特征和使用频率,相关讨论以第五章的分类方法为依据。同时,作者对不同类型的概念隐喻的分布特征进行了分析,以找出其中的规律性。该章的讨论还表明,汉语中语法隐喻的分布特征并非出于偶然,而是有其内在的原因。具体而言,这些特征同语境的变化以及语言本身的演进都有密切的关系。该章用大量篇幅在这个方面进行了深入讨论。

第七章关注的是人际隐喻在汉语中的使用情况。通过对现代汉语大型口语语料库的分析,该章确定了不同类型的人际隐喻在汉语中的分布特征。为了对这些分布特征进行解释,该章建立了一个描述体系,将口语语篇形成的主要社会因素囊括其中。这一描述体系的建立使本研究能够探讨汉语使用者选择不同类型人际隐喻的深层次原因,其中最重要的影响因素是话题的选择和对话人之间社会关系的改变。

  第八章是汉英语法隐喻现象的对比研究。该章首先从系统功能语言学视角出发,梳理了和语法隐喻有关的汉英语言类型学差异。这些差异有可能对汉语和英语中形义互动的表现形式产生影响,进而诱发两种语言中语法隐喻的各方面差异。该章的第二节和第三节分别对比了汉英两种语言中概念隐喻和人际隐喻的异同。依据全书的整体思路,相关讨论从识别特征、分类特征和使用程度三个方面展开。更重要的是,该章利用汉语和英语的语言类型学差异对两种语言中的语法隐喻差异进行了解释。

  第九章为全书结论部分,总结了本研究的重要发现,并探讨有关发现的未来应用空间。

第二章 语法隐喻研究的核心方向

从语法隐喻理论提出至今,已经积累了大量相关研究。本章的主要目的就是要梳理这些研究,为接下来的讨论提供一个坚实的基础。同语法隐喻相关的研究多种多样,如何找到其中的线索将它们归纳在一起是一个挑战。本研究认为语法隐喻研究有四个核心方向,即语法隐喻本质的理论探讨、语法隐喻分类方法的多种尝试、语法隐喻同语言演进的内在联系以及语法隐喻同语境变化的相互关系。基于该观点,本章对相关研究的回顾按照这四个方向依次展开,每个方向内的研究则按照其出现的先后顺序逐步加以呈现。

2.1 语法隐喻的本质

1984年,Halliday(1984a)首次提出了语法隐喻概念。相对系统功能语言学体系内的其他概念,语法隐喻出现的时间较晚。而且,该概念刚刚提出时,在理论性和逻辑性上都有所欠缺。因此,随后的近15年时间里,许多学者都试图对语法隐喻现象的本质进行更深入的阐述,这其中自然也包括Halliday本人。随着时间的推移,关于语法隐喻本质特征的理解一直在发生着变化,大体上可以分为三个阶段。在第一阶段,语法隐喻被看作是词汇隐喻在语法层面的对应体。在第二阶段,研究者们意识到语义层和语法层之间的关系常常出现错配的情况,这才是语法隐喻现象出现的根本原因。在此基础之上,相关研究开始关注同一个语义单位如何由不同级阶的语法单位实现的问题,以及该问题同语法隐喻出现的密切关系。由此,语法隐喻本质的探讨开始进入第三个阶段。但是值得注意的是,这三个阶段的划分只是为了论述上的方便。实际上,不同阶段的研究之间有着紧密的联系,很难截然分开。在接下来的研究回顾中,这一点可以看得非常清楚。

2.1.1 第一阶段:词汇隐喻在语法层面的对应体

关于语法隐喻本质的探讨最早出现在Halliday(1984a, 1985a, 1994)和Revelli(1985)的一系列研究中。这些研究为进一步讨论奠定了坚实的基础,但也留下了很多问题。"语法隐喻"(Grammatical Metaphor)这一说法,最初由 Halliday(1984a)在一篇对比英汉差异的文章中提出,针对的主要是大家习以为常的隐喻概念。Halliday 认为隐喻这一概念通常被限定在词语研究领域,事实上它在语法层面一样有所体现。换言之,Halliday 试图将隐喻概念的范围扩展到语法研究中。尽管这种提法略显随意,但是在思维上具有非常大的启发性,带来了研究理念的突破。Halliday 在同一篇文章中还明确提出,语法隐喻现象在任何一种语言中都应该是存在的。这一观点是汉语语法隐喻研究的根本出发点。

关于词汇隐喻和语法隐喻的关系,在 Halliday 影响极大的著作 *An Introduction to Functional Grammar* 第一版(1985)中,有了更清楚的阐释。在该书中,Halliday 专门辟出一章来讨论语法隐喻现象。他认为,隐喻(metaphor)、转喻(metonymy)、提喻(synecdoche)这些传统词汇修辞手段其实都可以从语法角度加以解释。这三类修辞手段事实上对应于解释、扩展和提升这三种语义关系。人们习惯于将隐喻现象看作是一个词语表达不同的意思。但是从语义角度出发,我们会发现隐喻同样可以被看作是一个语义的不同词语表达形式。既然语义的表达由词语和语法手段共同实现,那么出现在词语表达中的隐喻现象,在语法表达中自然也应该存在。由此,Halliday(1985a:320)认为,"语法隐喻也应该存在,这时主要的改变来自语法形式"。

在 *An Introduction to Functional Grammar* 一书的第二版(1994)中,Halliday 对语法隐喻和词汇隐喻之间的关系进行了更清楚的阐释。他认为关键要区分从意义出发的"自上而下"视角和从表达形式出发的"自下而上"视角。按照他的理解,词汇隐喻关注一个词语的不同含义,其实采用了由词汇到语义这样一种"自下而上"的视角。换个角度,我们也可以用"自上而下"的视角来看待隐喻现象。也就是说,这种现象也可以被看成是同一意义的不同表达。Halliday(1994)用例证加图示的方法直观地说明了自己的想法。

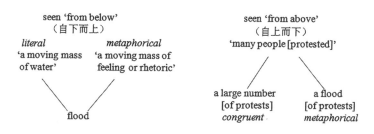

图 2.1 看待隐喻现象的两个视角(Halliday,1994:342)

从上述研究回顾中我们可以看到,在关于语法隐喻本质的早期探讨中,核心思路是将语法隐喻和词汇隐喻整合在一起。图2.1的一个要点是Halliday使用了"一致式"(congruent)这样的表述来标注同"隐喻式"(metaphorical)相对应的表达。这种"一致式"和"隐喻式"表达方式的区分,成为后来语法隐喻研究中一个重要的内容。这种区分最早可以追溯到Halliday(1956)关于语言形式随社会环境而发生变化的论述中。他提出一种语言形式和社会环境吻合得非常好的时候,就可以称之为"一致式"表达。而且,Halliday特别强调,"一致式"是相对于其他表达形式而言的,是在比较中产生的概念,没有哪一种表达可以称为绝对的"一致式"。一般而言,在某种语境下最为典型的语言形式就是所谓的"一致式"表达,而非典型的语言形式就可以看作是一种"隐喻式"表达。

在探索语法隐喻本质的过程中,一致式和隐喻式表达的区分得到了更清楚的界定。Halliday(1985a)提出,把特定的语义转换为词汇语法层的具体表达时,总是有一种最典型的方式。这种典型方式其实就是所谓的一致式表达。相对这种典型形式,其他的形式就是隐喻式表达。但是需要特别说明的是,在很多情况下我们已经习惯于隐喻式表达。比如,我们在命令别人做什么事情时,常常使用问句,形成商量的语气,而非直接发出命令。其实我们都清楚,直接发出指令是表达命令语义的典型方式,只是我们在现实生活中很少这样使用。正因如此,Ravelli(2003:41)特别说明:"在特定的语域里,隐喻式表达可能才是最常用的形式。"

在一致式和隐喻式表达的区分中,还有一点也是值得注意的,就是两种表达在语义上并非绝对"同义"。Halliday(1994)认为选择隐喻式表达本身就有其语义动机。因此,隐喻式表达有自身的语义特点。关于这一点,Ravelli(1985)在其建立的语法隐喻模型中阐述得更为清楚直观。在这个模型中,Ravelli用图示的方法对隐喻式表达的两种理解模式进行了说明。具体如图2.2所示。

如图2.2所示,模式A中的一致式和隐喻式表达在语义上是完全对等的。Ravelli(1985)指出,这种理解模式的根源还是在于将词汇隐喻和语法隐喻做机械的类比。这种思路必然导致研究者有模式A这样的理解。她认为,在解释语法隐喻本质这个问题上,模式B显然比模式A要更合理。模式B表明语法隐喻实际上是两种语义选择的组合体,而模式A只是将其展示为单一语义选择的结果。应该说,Ravelli提出的语法隐喻本质的理解模型比Halliday最初的设想又更进了一步,也更加合理。将语法隐喻解释为双重语义选择的结果,加深了对这一现象的认识。这种观点也提醒其他研究者,必须注意不同语法表达对语义本身的反向作用。换言之,研究者在分析语法隐喻现象时,必须思考语言中语义和语法之间的复杂互动关系。而这恰恰是当代语言学研究中最为核心的议题之一。

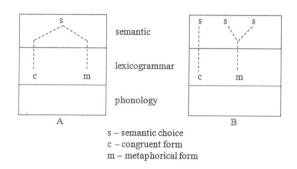

图 2.2　理解语法隐喻现象的两种模式（Ravelli, 1985: 104）

比较可惜的是,尽管模式 B 比模式 A 更加合理,Ravelli 在实际分析中还是使用了模式 A。这主要是因为,在 Ravelli 提出上述观点时,系统功能语言学的语义研究尚处于不成熟阶段,缺乏一套对语义选择进行描述的术语体系。这就为实际的语言现象分析带来了很大的困难,也导致了 Ravelli 研究的不完美之处。但是我们也应该看到,Ravelli 对语法隐喻现象的理解其实相当地超前,代表未来研究的方向。另一方面,用模式 A 进行语法隐喻实例分析可以简化分析的过程,也比较直观。本书中的语法隐喻实例分析基于系统功能语言学中成熟的语义描写术语体系,但是,很多时候还是要参考模式 A,目的就是为了简化有关的讨论。

循着 Ravelli 的思路,我们还会发现,其实语法隐喻现象可以在语法层和语义层分别进行描述。比较常见的做法是将语法隐喻放在语法层进行讨论,这样做更直观,也是长期以来的研究惯例。但是这种做法必然带来两个问题:第一,很多本质上都属于语法隐喻现象的不同语法表现形式,由于涉及不同的语法概念,被作为不同的语法现象加以讨论;第二,当语法隐喻现象出现叠加,也就是一个隐喻式表达被嵌入到另外一个隐喻式表达时,容易被湮没。从另外一个角度看,把语法隐喻放在语义层进行分析的做法,也有自身的问题,其中最突出的问题就是对隐喻式和一致式表达的区分变得更加困难和不清晰。从这里我们不难看出,语法隐喻现象同语义和语法都密切相关,要正确理解它,必须从语义和语法两个方向同时入手。这也是本书的实例分析一直强调语义和语法分析并重的根本原因所在。

Halliday 和 Ravelli 对语法隐喻本质的早期研究奠定了未来研究的基

础,其重要性怎么说都不为过。但是这些早期研究也带来了一些问题,其中最突出的就是语法隐喻这一现象在复杂的语义和语法体系中到底处于什么位置。说到底,这些问题产生的根源在于语法隐喻概念提出时具有一定的随意性,缺乏严谨的逻辑推理。该领域的研究者亟需对语法隐喻存在的合理性给出更清楚的解释。正是这种迫切的需求拉开了第二阶段语法隐喻本质研究的大幕。

2.1.2 第二阶段:语义层和词汇语法层的组配关系

在语法隐喻本质探索的第二阶段,语义层和词汇语法层的组配关系是一系列关键性研究的主题(如 Halliday, 1998; Halliday and Matthiessen, 1999)。语言是一个多层级的符号系统,其中包括语义层和词汇语法层。特定语义需要通过词汇语法层的具体手段加以实现。换言之,语义层和词汇语法层之间是一种实现关系。在现实语言中,这种实现关系可以非常复杂,一个特定语义有可能在词汇语法层面有多种实现形式。在语法隐喻本质研究的第二阶段,所有的讨论都紧紧地抓住了语义层和词汇语法层之间复杂的组配关系。Halliday(1998)在一篇分析科技领域语言特征的文章中对这种实现关系进行了细致的说明和分析,并从这一点出发阐述了语法隐喻现象出现的必然性。Halliday 首先列举了实现表意功能时,语义单位和词汇语法单位的一致式组配关系:

表 2.1 语义层和语法层之间的一致式组配关系

语义单位		组配关系	语法单位	
构型列(Sequence)		→	小句复合体(clause complex)	
构型(Figure)		→	小句(clause)	
要素 (Element)	具体语义要素	→	词组/短语 (group)	具体语法单位
	事物 (Thing)	→		名词词组 (nominal group)
	过程 (Process)	→		动词词组 (verbal group)
	环境 (Circumstance)	→		副词/介词词组 (adverb/prep. group)
	连接 (Relator)	→		连词 (conjunction)

表 2.1 所示的组配关系并不能一直得到遵守。事实上,这种关系在实际表达中经常被破坏。原因在于词汇语法层是一个构建性和再构建性都非常强的体系,它有能力以不同的词汇和语法形式来呈现某一个特定语义。这也正是人类语言革新的强大动力来源之一。Halliday 认为语法层不断进行再构建的过程直接推动了隐喻式表达的出现。换言之,词汇语法层本身的再构建特征是语法隐喻出现的根源。而这种再构建性特征出现的内在原因,则是人类语言中语义层和词汇语法层的分化。语义与词汇语法层分离,进而两者之间出现复杂的组配关系,是语言发展不可避免的总趋势。因而,语法隐喻的出现也是人类语言进步的必然结果。对这一点,Halliday(1998:192)有精辟的阐述:"没有分层就没有隐喻,而语言一旦分层,转换表达形式的现象就会自动出现。"由此,Halliday(1998:192)将语法隐喻定义为"语言两个层级之间的重新组配:语义和语法之间的重配关系"。需要说明的是,Halliday(1998)为语义单位描述专门设置了术语,即表 2.1 中出现的 Sequence(构型列)、Figure(构型)和 Element(要素)。这三个术语在本书中会被反复提及,而且本书的译法不同于以往,因此非常值得注意。设置专门语义单位术语的做法对语法隐喻的讨论至关重要,这一点下面就会有更加细致的说明。

为进一步增强语法隐喻概念的逻辑性,Halliday and Matthiessen(1999)在更宽广的理论背景下,对其本质进行了探讨。为了对语义层进行全面描写,两位研究者建立了一个完整的语义描写术语体系。他们明确指出建立这一术语体系的核心目的,就是要对语法隐喻现象做出更合理的解释。Halliday and Matthiessen(1999)利用该术语体系详细说明,语义层和词汇语法层之间的互动如何催生出语法隐喻现象。而且,他们提出语言演进的一个主要方向就是不断由一致式表达向隐喻式表达拓展。基于这些讨论,Halliday and Matthiessen(1999:7)为语法隐喻提出了一个更完整的定义:"当语义类别和语法类别之间出现不同的组配关系,会导致一组语义上同源的表达方式出现,此时的现象就是语法隐喻。"

将语法隐喻解释为语义层和词汇语法层之间的重配关系,是语法隐喻本质研究的巨大进步。同早期直觉式的将语法隐喻解释为词汇隐喻对应体的做法相比,其说服力和逻辑性都要强得多。这种进步的根源在于建立了一个有力的语义描述体系,使相关的说明变得清晰明了而且具备可操作性。因此,Halliday and Matthiessen(1999)建立的语义描写体系是推进语法隐喻理解的重要理论基石。更重要的是,这一体系和系统功能语言学框架内已经十分成熟的语法描述体系相配合,为很多语言现象的分析和解释提供了强大的理论平台。而且,这一理论平台的运用解决了一些早期语法隐喻本质研究中悬而未决的问题。

如图 2.2 所示,Ravelli(1985)的模式 B 中将语法隐喻看作是两种语义选择的组合体。但是由于当时缺乏可靠的语义描述体系,Ravelli 无法对这一观点进行更精确的描述。Halliday（1998）通过自己建立的语义体系,将语法隐喻的这一特征定义为"语义汇合"(semantic junction)。他认为这种现象是跨语言单位和层级而存在的。比如英语中 shakiness 和 development 这类词语就兼顾了事物和过程两种语义,不同于纯粹的事物描述。按照 Halliday and Matthiessen (1999) 的说法,这类词语就是一种语义汇合的产物。语义汇合还会跨语言层级存在。比如像 engine failure 这样的表达,它隐含着一个包含具体事物(engine)和过程(fail)的完整事件描述,同时又是一个由事物(failure)和修饰词(engine)构成的词组。这些实例的分析和描述都证明语法隐喻不是单纯的语法现象,而是同时包含语义和语法特征的系统性选择。这一发现极大地丰富了 Ravelli 早期的观点,也提升了语法隐喻理论本身的说服力。

将语法隐喻定义为语义层和词汇语法层的重配关系,有利于将这一现象纳入整个语义和词汇语法体系中加以描述。语法隐喻可以被看作是原有语义体系中的一个新的维度。它和原有维度之间构成了一种赋值关系,也就是说我们可以把原维度语义看成一个标记(Token),新维度实际上是在对标记进行不同角度的赋值(Value)。Halliday and Matthiessen (1999)认为这种标记和赋值之间的关系是发生在语义层内部的,不涉及语法层的问题。按照这种理解,两位研究者建立了一个描述语法隐喻的语义模型,如图 2.3 所示。

Halliday and Matthiessen(1999)的模型表明,一个构型列语义完全可以在语义层被标记为构型,甚至可以被标记为要素。这些语义上的不同标记形式当然会在词汇语法层得到体现。也就是说,构型列语义可以有小句复合体、小句和词组三种实现形式。图 2.3 所示的模式为语法隐喻现象在整个语义体系中找到了立足之地,使其拥有了牢固的理论出发点。同时这一模型也打通了语义层和词汇语法层,使得语法隐喻同两者的关系更加清晰。

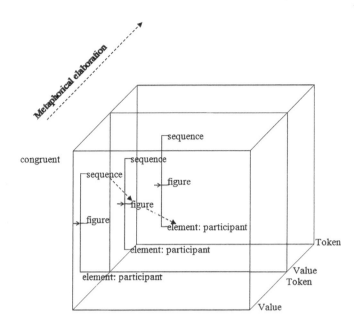

图 2.3　语法隐喻现象的语义模型（Halliday and Matthiessen, 1999: 294）

除了使语法隐喻在理论上更完备更具说服力，第二阶段的研究还对一些同语法隐喻有关的周边概念做出了更加清晰的界定。首先，按照语义层和词汇语法层重配的思路，一致式表达有了更合理的定义。在第一阶段研究时，一致式表达通常被定义为典型的表达形式。之所以选择典型的表达形式，是因为"没有更好的理由选择其他的表达形式"（Halliday, 1984b: 14）。显然，这种表达形式何以成为典型并没有得到理论上的说明，只是诉诸语言直觉上的判断。这种相对粗糙的定义方式，显然有碍于语法隐喻理论的进一步发展。在第二阶段研究中，Halliday(1998: 208)将一致式表达清楚地定义为"语义和语法单位最初的搭配形式"。具体地讲，这种表达形式在语言演变过程中较早使用，儿童在学习语言的过程中较早习得，同时在语篇展开的过程中较早出现（Halliday and Matthiessen, 1999）。总之，一致式表达在人类语言中比隐喻式表达出现得更早，形态也更原始。Halliday(1998)同时指出，隐喻式表达和一致式表达其实是一系列表达形式构成的连续体的两端。从这个意义上讲，一个表达形式被称为"隐喻式"或者"一致式"，其实是相对于其他表达形式而言的，并非绝对的概念。语法隐喻和语言发展演变的密切关系，我们在后面的章节中还会谈到。

其次,借助语言的层次化特征,词汇隐喻和语法隐喻的整体性得到了更好的说明。Halliday(1998)一直认为词汇和语法现象本质上属于同一语言层级,即词汇语法层。它们并没有等级高低的区分,只是同一层次的两端,即词汇端和语法端。传统的隐喻研究将其限定在词汇端,忽视了隐喻的大原则在语法端同样起作用。从这个角度看,词汇隐喻和语法隐喻遵循着同样的隐喻原则,只是表现形式不尽相同。这种将两类隐喻进行整合处理的做法,无论在理论完善和实践操作层面都是相当大的突破。在理论层面,该做法丰富了人们习以为常的隐喻概念,使之更具包容性。就实际操作而言,两种隐喻可以作为同一类现象加以分析,避免了不必要的重复与叠加。迄今为止,很少有研究者从词汇隐喻和语法隐喻整合的角度开展具体的研究。事实上,该研究思路非常值得关注。

在第二阶段的语法隐喻本质研究中,同样值得重视的理论突破是语义"分散模式"(fractal pattern)的提出。Halliday and Matthiessen(1999)希望为语法隐喻的出现找到一个内在的原因,于是提出了语义"分散模式"的概念。他们认为一致式表达和隐喻式表达之所以能建立起一种赋值关系,关键在于两类表达形式的等值性。如果在不同的语义单位之间存在着等值性,就必然意味着一个语义能够分布在不同的语义级阶里。比如同样是表达"扩展"这一语义的两个表述 he added and smiled 和 he added with smile,就分别分布在构型列和构型两个语义级阶里。换言之,位于构型列层级的"扩展"语义和位于构型层级的"扩展"语义其实是等值的,而"扩展"这一语义分散于构型列和构型这两个级阶。语义"分散模式"被 Halliday and Matthiessen(1999)在第三阶段的研究中升华为"跨语法级阶语义范畴"(transgrammatical semantic domains),成为解释语法隐喻现象的另一个有力论据。

2.1.3　第三阶段:跨语法级阶语义范畴

第三阶段语法隐喻本质研究的重要论述都集中在 *An Introduction to Functional Grammar* 一书第三版(2004)第十章里。该阶段研究的一个重要特点就在于从"跨语法级阶语义范畴"这一概念出发来探讨语法隐喻的本质。如前所述,这一概念在第二阶段的研究中就已经萌芽,只是当时被称作语义"分散模式"。第三阶段研究的另外一个特点是强调人类拓展总体语义资源的需要是语法隐喻出现的背后原因。

Halliday and Matthiessen(2004)首先在已有研究的基础上建立了一个新的语义语法关系模型。这个模型比表 2.1 所示的第二阶段模型更加

复杂和完备,涉及了语言的三大元功能,而不仅仅是其中的表意功能。如表2.2所示:

表2.2 语义层和语法层之间的实现关系(Halliday and Matthiessen, 2004: 592)

	logical	experiential	interpersonal	textual
semantics		text		
	(episodic patterns)		(exchange patterns)	(information flow patterns)
	sequence ↘	figure ↘	proposition or proposal ↘	message ↘
lexico-grammar	complex of…	clause		
	Taxis and Logico-Semantic type	Transitivity	Mood	Theme; Information
	complex of…	group or phrase		

Halliday and Matthiessen(2004)提出语义单位和语法单位之间的配对关系是语言的基础形态。但是语言的进步导致特定语义范畴可以在多个语法级阶中得以实现,因而出现"跨语法级阶语义范畴"。比如表2.2中的语义范畴"构型"(figure),可以在小句级阶和短语级阶得到实现。同样道理,语义范畴"命题"(proposition)可以在小句的语气(Mood)系统和短语中的成分选择加以实现。因此,表2.2只是从逻辑、经验、人际和语篇四个方向对语义层和词汇语法层的实现关系进行了总括性的描述。无论从哪个方向进行深入的挖掘,可以讨论的问题都非常多。这其实也提示我们,关于语义层和词汇语法层的关系,是一个非常值得继续探索的庞大研究领域。

需要重申的是,实现同一语义范畴的语法单位同源但是并不完全同义,其内部含义有细致的区分。Halliday and Matthiessen(2004)提出,"扩展"和"投射"是两种最基本的"跨语法级阶语义范畴"。而且,他们借助系统功能语言学的理论体系,对这两种语义范畴的具体实现方式进行了十分细致的描述。比如他们注意到,"扩展"这一语义范畴可以在语篇级阶借助各种连接成分的使用得到表达,也可以在小句复合体级阶通过关联和修饰这样的逻辑关系体现,更可以在小句级阶通过不同过程类型和环境成分组合的方式实现。也就是说,"扩展"这一语义范畴在三个不同的语法层级中都能得到体现。这些分属不同语法级阶的表达形式虽然在语义上是同源的,但是并不完全同义。语义上具体的差异在逻辑、经验、人际和语篇几个维度上都会有所体现。比如,小句复合体实现的"扩展"语义在逻辑维度上显然比小句实现的"扩展"语义更加丰富。

"投射"是另一个在不同语法层都能得到实现的语义范畴,具体涉及小句复合体中的逻辑关系和小句中的经验和人际维度。就逻辑关系而言,投射主要同报道事实和引述想法的小句复合体有关。而在小句中,投射主要同人际元功能中的情态评价体系有关。Halliday and Matthiessen(2004)将情态表达作为投射语义实现方式的重点来讨论。原因在于,他们认为投射和情态表达之间的关系,对于理解语义层和词汇语法层的互动至关重要。任何一种语言中,情态表达都涉及非常庞大的语法体系。Halliday and Matthiessen(2004)细致地梳理了英语中同投射语义有关的各类情态表达的语法形式(具体参考 Halliday and Matthiessen,2004:608—612)。他们注意到在正常情况下,情态表达的方式是使用大量的情态副词,也就是在小句层面进行表达。但是在另外一些情况下,一个表达投射关系的小句复合体也可以被用来表达情态。小句复合体由两个部分组成,一个是投射小句,一个是被投射小句。比如"Brutus said:Caesar was ambitious."一句中,Brutus said 就是投射小句,而 Caesar was ambitious 则是被投射小句。当情态表达在投射小句中得到实现时,涉及的语法单位就从小句上升为小句复合体。在 Halliday and Matthiessen(2004)看来,小句层面的情态表达就是一致式的形式,而小句复合体层面的表达已经变成一种隐喻式的形式,因而出现了语法隐喻现象。而且他们把这种情况下出现的语法隐喻定义为"情态隐喻",是人际维度语法隐喻的一个类型。

虽然讨论的重点在情态表达,但是 Halliday and Matthiessen(2004)也没有忽略人际维度中另外一个重要体系,即语气表达在语法隐喻中的重要性。语气表达涉及的语义被分为四类言语功能,主要用来索取信息和物品/服务。言语功能的四个基本类型包括:声明、质疑、意愿和命令。各项言语功能和语气之间有一种典型的对应关系,比如质疑对应的是疑问句,而命令对应的是祈使句,可以称作是一致式表达形式。但是在很多情况下,这种典型的对应关系会被破坏,出现新的对应,比如用疑问句来表达命令语义,这时就出现了隐喻式表达。Halliday and Matthiessen(2004)认为这是人际维度语法隐喻的另一种类型,即语气隐喻。综上所述,人际维度语法隐喻中包含语气隐喻和情态隐喻两种类型,具体内容会在第七章做更详细的讨论。相对于人际维度语法隐喻的大篇幅讨论,Halliday and Matthiessen(2004)在第三阶段对概念维度语法隐喻的具体讨论基本上沿袭了先前的研究。这可能是因为这方面的研究相对比较成熟,可供深入探讨的空间有限。

同前两个阶段的研究相比,第三阶段的研究采取了一个不同的视角,也就是从"跨语法级阶语义范畴"这一概念出发来分析语法隐喻的本质特征。这种做法极大地丰富了语义层和语法层的描述体系。这个更完备的体系也使得语法隐喻的理论性和逻辑性更强。前两个阶段的研究主要专注于概念维度语法隐喻的讨论,对人际维度语法隐喻提及较少。这种新视角的提出不但极大地丰富了已有的概念维度语法隐喻研究,而且将人际维度语法隐喻统一到同一个理论框架之下。换言之,新的视角将语言隐喻的两大类型,即概念维度语法隐喻和人际维度语法隐喻有机地结合在一起,这是非常重要的理论突破。"跨语法级阶语义范畴"概念的提出,也为识别和整合不同类型的语法隐喻提供了统一的标准。本书第四章的核心内容就是依据这一思路展开的。

这一阶段研究的另一个重大贡献是确立了语义资源拓展和语法隐喻现象出现的内在联系。在 Halliday and Matthiessen (2004:626)看来,"拓展总体语义资源的压力实际上是推动隐喻式表达出现的背后原因"。这一观点的提出对语法隐喻理论发展有重大的贡献。它使我们认识到,无论是人际维度的语法隐喻还是概念维度的语法隐喻,其背后的推动力其实是一致的,只是各自的语法表现形式有所不同。概念维度的语法隐喻通过将语法单位降阶的方法来实现隐喻式表达,而人际维度的语法隐喻则是通过将语法单位升阶的方法来实现这一目的。从本质上看,两者异曲同工,殊途同归。在后来的语法隐喻研究中,该现象背后的推动力越来越引起研究者的重视,不断有研究从这个角度切入,更深入地阐释了语法隐喻现象出现的理据。

2.2 语法隐喻的分类方法

如前文所述,语法隐喻有两个大的类别:概念维度的语法隐喻(概念隐喻)和人际维度的语法隐喻(人际隐喻)。这两大类语法隐喻又可以按照不同的分类标准,被进一步划分为更小的类别。语法隐喻的类别划分是语法隐喻研究中非常重要的一个部分,它对确定语法隐喻的特征并展开实证分析有巨大的现实意义。本节的内容对有关研究进行梳理,为随后各章的讨论打下基础。

2.2.1 概念隐喻的具体分类

Halliday(1998:192)认为概念隐喻涉及两类语法单位的改变,"一种是级阶的调整,一种是成分的转移"。级阶的调整是指语法单位被降阶,从小句复合体到小句,从小句到词组,甚至是从小句复合体直接到词组。而成分的转移则是指一种语法类别实现本来由另一种语法类别实现的功能,比如用名词词组表达动词的含义。由于概念隐喻涉及这两种改变,这一现象的具体分类也从这两个角度展开。从第一个角度出发进行的分类,以 Halliday and Matthiessen(2004)的方法为代表。以第二个角度进行的分类,主要依据 Ravelli(1985)和 Halliday(1998)的两种模式。鉴于第二个角度的分类方法出现较早,我们先以类别转移为观察点,观察概念隐喻如何分类。

2.2.1.1 以成分转移为标准分类

对概念隐喻进行分类的最初尝试是由 Ravelli(1985)完成的。该研究的具体内容涉及语法隐喻、语式和语言复杂程度的相互关系。Ravelli(1985)选取八个英文语篇作为语料,详细分析所有小句的及物性特征。小句被进一步划分为参与者、过程和环境因素等若干更小的成分,然后判定每个小的成分是一致式还是隐喻式表达形式。这种操作方法的指导思路是 Halliday(1985a:322)早期提出的语法隐喻判别依据,即"掌握一种语言就必然了解何种表达方式是较为典型的表达形式"。因此,该研究中对概念隐喻的分类受到了语料规模和研究者语言直觉的双重限制,难免会出现分类不够充分的问题。Ravelli(1985)通过具体的分析,一共确定了九种基本的概念隐喻类别,其中的一些还可以进行更细致的分类。表 2.3 列出了 Ravelli(1985)确定的所有语法隐喻类型。

Ravelli(1985)对表 2.3 中的内容进行了两点重要说明。首先,表格中所有的成分标注都是语法术语,没有对语义成分的描述。这种做法其实是出于无奈。在 Ravelli(1985)开展这项研究时,系统功能语言学中的语义描述体系还没有建立起来。以当时的研究条件,也只能用语法术语来进行替代性的语义描述。这一做法之所以可行,得益于系统功能语言学中的语法术语是参考语义特征进行设定的。如果完全使用传统语法的术语体系,这项研究恐怕就很难开展了。其次,Ravelli(1985)也注意到,表 2.3 中并没有列出所有可能出现的概念隐喻类别。毕竟该项研究依据的是由八个语篇组成的小规模语料,不可能穷尽所有的概念隐喻类型。事实上,即便当时 Ravelli 使用更大规模的语料,也未必能观察到所有的概念隐喻类型。原因在于有些类别的概念隐喻出现频率非常低,不能仅仅依赖语料分析的方法来识别。这一现象为后来的语法隐喻类别研究留下了空间,也使相关研究者意识到语法隐喻分类应该以推理的方式进行,而非仅仅依赖语料分析。

表 2.3　Ravelli 的概念隐喻分类(1985：58)

No. Semantic Choice	Metaphorical Realization Function/Class	Congruent Realization Class
1a material process	Thing/nominal group	verbal group
1b mental process	Thing/nominal group	verbal group
1c relational process	Thing/nominal group	verbal group
1d verbal process	Thing/nominal group	verbal group
1e behavioural process	Thing/nominal group	verbal group
2 process	Epithet, Classifier/adjective	verbal group
3a quality of a thing	Thing/nominal group	adjective
3b quality of a process	Epithet, Classifier/adjective	adverb
3c quality of a process	Thing/nominal group	adverb
4a modality	Epithet/adjective	(modal) adverb
4b modality, modulation	Thing/nominal group	adjective, passive verb
5a logical connection	Thing/nominal group	conjunction
5b logical connection	Process/verbal group	conjunction
6 circumstance	Process/verbal group	prepositional phrase
7a participant	Classifier/adjective	nominal group
7b participant	Thing/nominal group	nominal group
8a expansion	Act/embedded clause	ranking clause
8b projection	Fact/embedded clause	ranking clause
9 circumstance	Epithet, Classifier/adjective	propositional phrase

　　Ravelli(1985)还对表格中的几类语法隐喻进行了更细致的讨论。她认为有三个问题是特别值得未来研究去关注的。第一，表格中的类别 1[也就是"过程"(process)语义由名词而非动词来表达]是使用频率最高的语法隐喻类型，达到了总量的近 35%。这种高频率的使用也解释了为什么名词化表达是最容易引起大家注意的语法隐喻表现形式。第二，Ravelli(1985)观察了不同类型语法隐喻之间的关系，指出它们之间是相互依存的。比如类别 1 语法隐喻出现时，一定会有 3b 类别的语法隐喻同时出现。针对这种现象，Ravelli(1985)提出了一个"横向复合度"的概念，专指不同类型的语法隐喻之间的依存关系达到何种程度。第三，Ravelli(1985)注意到一个隐喻式表达很可能被进一步地隐喻化，也就是说它会被嵌入另外的一个隐喻式表达中。表格中的类别 3c，4b 和 7b 都极有可能出现这种情况。针对这一特征，Ravelli(1985)也提出了一个概念，称之为"纵向复合度"，专门描述隐喻重复发生的可能性。近 30 年的研究充分证明了

Ravelli 的真知灼见。她提出的三个问题在各类研究中反复成为争论的焦点。特别是语法隐喻重复发生的现象为后来的语法隐喻识别和分析带来了不小的难度。这一点在本书的第六章还会进行深入探讨。

Jones（1991）对 Ravelli（1985）的语法隐喻分类进行了小范围的修正，用于分析语法隐喻和科技写作之间的关系。Jones（1991）主要是注意到了 Ravelli（1985）的表格中遗漏了一些语法隐喻的类别，需要进行完善和补充。她的主要做法是丰富语料，借此加入了一些语法隐喻类型，并对另外一些类别进行了细化。总的来说，该研究并没有从根本上改变 Ravelli（1985）的分类标准。从这里我们也可以看出，Ravelli（1985）对语法隐喻分类的初次尝试，对后来的相关研究有非常大的影响。

Halliday（1998）也提出了以成分转移为标准的概念隐喻分类模式，但是他的做法更倾向于理论分析和逻辑推理，并不单纯依赖语料观察。原因在前文已经提到，即使是再大的语料也未必能穷尽所有的语法隐喻类型。所以，Halliday（1998）更希望为语法隐喻的分类找到理论上的依据和出发点。Halliday（1998）首先描述了小句中所有成分的一致式和隐喻式表达方式。比如，连接、过程、性状和事物这些语义成分通常是由连词、动词、形容词和名词这些语法成分来表达的，但是当这些一致式的表达关系被破坏时，语义成分的实现方式就会发生转移。但是 Halliday（1998：208）注意到并非所有可能的成分转移都会发生。他把所有可能出现的成分转移汇总到图 2.4 中。

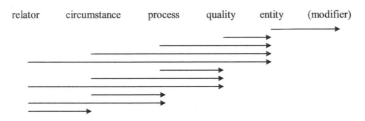

图 2.4　所有可能出现的成分转移

相较之下，Halliday（1998）的思路要比 Ravelli（1985）清晰得多，工作重点放在梳理成分转移的可能性，而非罗列实际语料分析的结果。而且，图 2.4 表明语义成分之间的转移关系是有明确方向性的，也就是图中所示的由左向右。以此为基础，Halliday（1998）将这种转移关系的指向性进行了简化，如下：

relator →circumstance →process →quality →entity
（连接）　（环境）　　（过程）　（性状）　（事物）

同时 Halliday（1998：211）对成分转移的指向性做了详细的说明：（1）任何语义成分都有可能表现为事物成分（在语法层以名词的形式实现）；（2）连接、环境和过程这些语义成分则可以表现为性状成分（在语法层以形容词的形式实现）；（3）连接和环境语义成分可以表现为过程成分（在语法层以动词的形式实现）；（4）连接语义成分可以表现为环境成分（在语法层以介词词组的形式实现）。

Halliday（1998）认为概念隐喻的整体趋势是向"事物化"方向发展，以事物这一语义为终点。而且"名词是最具吸引力的语法类别，所有的其他类别都可以最终体现为名词"（Halliday，1998：211）。

Halliday（1998）的分类方法相较简单的语料观察分析是极大的进步。首先，这种方法基于逻辑推理，将所有的可能性都纳入了考虑范围，不再受语料的局限。其次，该方法指出了语义成分转移的方向性，并据此进一步缩小了概念隐喻类别可能出现的范围。如果我们将 Halliday（1998）的观点置于更大的语言学研究视野内，就会意识到语义成分转移的方向性在语言发展的历史维度同样起作用。历史语言学研究一直强调语言演变中的"虚化"现象，但是，语言发展进步不可能只有"虚化"一个方向，Halliday（1998）提出的"事物化"代表着另一种可能的语言演变方向。虽然这一课题已经超出了本书的范围，但是语法隐喻和语言演变研究的内在关系绝对是一个值得特别关注的研究方向。

依据对概念隐喻整体"事物化"趋势的论断，Halliday（1998）确认了十三类概念隐喻以及它们的具体分类。所有的分类都在表 2.4 中逐一列出：

表 2.4　Halliday 的概念隐喻分类（1998：209－210）

#	semantic type		class shift
	congruent	metaphorical	
1	quality	entity	adjective—noun
2i	process　event of process	entity	verb—noun
2ii	aspect or phase of process		tense/phase verb (adverb)—noun
2iii	modality of process		modality verb (adverb)—noun

续表

#	semantic type		class shift
	congruent	*metaphorical*	
3	circ. [minor process]	entity	proposition—noun
4	relator	entity	conjunction—noun
5i	process event of process	quality	verb—adjective
5ii	aspect or phase of process		tense/phase verb (adverb)—adjective
5iii	modality of process		modality of verb (adverb)—adjective
6i	circ. manner	quality	adverb—adjective
6ii	time, place, etc.		prepositional phase—adjective
6iii	,,	(class)	prepositional phase—noun modifier
7	relator	quality	conjunction—adjective
8	circ.	process	*be/go*+proposition—verb
9	relator	process	conjunction—verb
10	relator	circ.	conjunction—prepositional(phase)
11	0	entity	0—noun
12	0	process	0—verb
13	entity	modifier (of entity)	noun—[various]

从表2.4和表2.3的对比中,我们不难看出,Halliday(1998)的分类方法中已经有了较为完备的语义成分描述。表2.4很自然地被划分为两个部分,分别描述语义成分的转移和语法成分的转移。这种做法不仅有利于清楚地划分概念隐喻的类别,还能够更好地展现语义层和词汇语法层的互动关系。但也应该看到,该研究对于语义层的描写依然不够充分,缺乏完

整的体系。正因如此,Halliday and Matthiessen(1999)专门开展了一项语义学研究,进一步深化了 Halliday(1998)的分类模式。在该研究中,他们建立了一个完整的语义体系,用来描述语言的表意元功能。而他们建立这一体系的初衷之一,就是为了对已有的语法隐喻分类模式进行完善。Halliday and Matthiessen(1999)对概念隐喻的分类侧重于语义成分的分析。他们首先将表意功能涉及的所有语义成分,按照一致式和隐喻式表达划分为纵横两个坐标,两个坐标之间的交叉可以清楚地说明各语义成分之间的多种转化关系。具体如表2.5所示:

表 2.5　Halliday 和 Matthiessen 的概念隐喻分类模式(1999:245)

congruent:	metaphorical:			
	→circumstance	→process	→quality	→thing
quality→ *unstable*				1 *instability*
process→ *absorb*			3 *absorptive*	2 *absorption*
circumstance→ *instead of*; *on the surface*		6 *replaces*	5 *alternative*; *superficial*	4 *replacement*; *surface*
relator→ *for/because* [b, *for/because a*] *so* [a, so, b]	10 *because of*; *as a result*	9 *causes*; *proves*; *ensures*, *follows from*	8 *causal*; *consequent*	7 *cause*, *proof*; *result*
∅→		12 *occurs*; *imposes* *does*; *has*		11 *phenomenon*, *fact*
thing, circumstance *driver* [*be safe*] *decided* [*today*]	13 expansion of thing (in environment of 1 or 2) *driver* [*safety*], *driver's* [*safety*], [*safety*] *of the driver* *today's* [*decision*], [*decision*] *of today*			

值得注意的是,Halliday and Matthiessen(1999)在表 2.5 中使用了"Ø"这样一个符号,用来描述第 11 类和 12 类概念隐喻的一致式表达。这两类概念隐喻的一致式表达并不涉及具体的语义成分,它们的隐喻式表达是其他类型概念隐喻的衍生品。第 13 类同样不会独立出现,它是第 1 类和第 2 类催生的。加入这三个类型,使概念隐喻的分类更加完备,也是 Halliday and Matthiessen(1999)分类模式一个非常大的特点。

Halliday and Matthiessen(1999)也进一步说明了概念隐喻的整体转化趋势。他们认为这一趋势有一条主线,还有一条副线。主线指的就是成分转移时,其整体向"事物化"方向发展。副线则是指事物成分也可以转化为性状成分,进一步修饰其他事物成分。英语中大量的名词性修饰语都属于该趋势中的副线。更重要的是,两位学者深入地分析了概念隐喻出现"事物化"趋向的根本原因,分析的切入点是不同语义成分在建构人类经验时的不同潜力。Halliday and Matthiessen(1999:264)指出"事物比性状更适合进行分类,性状比过程更适合进行分类,而过程又比环境和连接更适合分类"。不同语义成分的分类能力差异决定了人们总是尽力将很多表达事物化。所以,在概念隐喻涉及的成分转移中,事物化成了主要的趋向。至于事物被转化成性状,则是主要趋向的附属产物,只能和主要的两类事物化隐喻形式(第 1 类和第 2 类)伴随出现。作为附属产物,事物到性状的转化其实还是在事物化的范畴之内,而且其在语法层面的整体表现形式也是名词化词组。由此,Halliday and Matthiessen(1999)认为,概念隐喻的内在驱动力其实是"事物化"趋向,在语义层面是从逻辑关系描述到概念描述的转化。换言之,概念隐喻的本质是将类别化描述人类经验的努力发挥到极致,将所有现象都进行类别化处理,至少是将这些现象以更适合分类的形式表达出来。

Halliday and Matthiessen(1999)将语法隐喻进行分类当然有利于开展对该现象的细致描述。但需要注意的是,不同类型的概念隐喻总是相互伴随出现的,不容易针对特定类别进行研究。正因如此,他们建议在语言的横向组合和纵向聚合两个维度都应该对语法隐喻的复合度有所考虑。横向维度主要考虑不同类型的概念隐喻经常是扎堆出现的,可以称之为语法隐喻群。在这些语法隐喻群中,有些类型是主导力量,完全可以单独出现。另外一些则是附属性的,只能伴随其他类型出现。从这个意义上讲,不同类型语法隐喻的重要程度其实是不同的。主导型语法隐喻以第 1 类和第 2 类为代表,附属型语法隐喻则以第 13 类为典型。关于这一现象,本书第六章以汉语语言事实为基础，进行更为深入的讨论。

纵向维度考虑的主要是不同表达方式的隐喻程度。在一致式表达和隐喻式表达之间其实存在着不同隐喻程度的表达方式。从这个角度看，语法隐喻只是一个相对的概念。Halliday and Matthiessen（1999）提供了一个非常简便的用于区分不同表达方式隐喻程度的方法。我们可以把一个表达进行调整，使其分别针对不同年龄段的读者，比如15岁、12岁、9岁和6岁。这种方法会形成一系列隐喻程度不同的表达。这些表达方式，隐喻程度越高，表达的清楚程度就越低。低年龄段的读者需要的是隐喻程度更低和更清楚的表达方式，而高年龄段的读者要求正好相反。语法隐喻在横向和纵向维度的复合度的讨论，其实和 Ravelli（1985）之前的论述是一脉相承的，但是 Halliday and Matthiessen（1999）的思路明显要更加清晰，逻辑性也更强。

Halliday and Matthiessen（1999）的研究还有另外一个重要的贡献，就是对不同类别的概念隐喻进行了更细致的分类。这也是之前的研究都没有触及的领域。细致分类的依据是同类别的语义成分转移可能涉及多种不同的语法成分。比如"性状"这一语义成分就可以由"属性"和"修饰语"这两种语法成分分别在小句层面和词组层面实现。在这种情况下，从性状到事物的语义成分转移就会涉及分别由"属性"和"修饰语"两种语法成分来实现的语法转移。另外一种情况则更为复杂一些，要考虑的是特定语义单位的复杂语法实现形式。比如"环境"这一语义成分经常由介词词组实现，表现为"介词＋名词"形式。当"环境"到"事物"的语义成分转移发生时，就可能涉及介词到名词的转移或者"介词＋名词"整体转化为名词这两种情况。因而，也有了两个更小的类别。

从根本上讲，Halliday and Matthiessen（1999）对概念隐喻的分类，既考虑了语义层的成分转移，也考虑了词汇语法层的词汇转移。唯有如此，才能对概念隐喻做出更加细致的划分，并且建立可操作性更强的分析框架。由此我们不难看出，要想深入开展涉及语言形义互动的语法隐喻研究，必须有完备的语义和语法分析框架。系统功能语言学在前期建立了完备的语法分析框架，近20年又发展出了可靠的语义描述体系，为开展形义互动研究奠定了坚实的基础。考虑到 Halliday and Matthiessen（1999）对概念隐喻分类方法的逻辑性和严密性，本书第五章对汉语中的语法隐喻进行细致分类时，基本遵循他们的处理原则。

2.2.1.2　以级阶调整为标准分类

以语义级阶调整为标准对概念隐喻进行分类，视野会更开阔一些。

Halliday and Matthiessen（2004）指出，概念隐喻共涉及三个核心语义级阶，即前文几次提及的构型列（Sequence）、构型（Figure）和要素（Element）。概念隐喻会以这三个级阶为出发点进行级阶调整，因而可以分为三个大的类别。

以构型列为出发点的级阶调整，依据调整的具体情况又可以分为四个小的类型。第一个类型是指构成构型列的两个构型中只有一个发生了转化，最终在隐喻式的表达中被压缩为一个环境成分，相应地，两个构型之间的连接成分大多会转化为介词。第二个类型是指构成构型列的两个构型都被压缩成了环境成分，而连接成分则转化成了动词。第三种情况与第二种情况相类似，但是两个构型被压缩成了一个关系小句中的两个等值成分，原来的连接成分也相应地用于等值连接。第四种情况的压缩程度最大，两个构型都分别表现为名词词组，而连接成分大多变为名词词组中的修饰语。

以构型为起点的级阶调整有两个小的类型。第一种类型指的是构型被压缩为某种成分，但是隐喻式表达的语法实现单位依然是小句。这种情况之所以出现，主要是由于一个新的表达事件"发生"的含义被创造出来。这种类型的概念隐喻被Halliday and Matthiessen（1999）专门定义为第12类，在表2.5中可以清楚地看到其具体形式。英语中的"have a dance, take a shower"这类表述就是其典型例证。汉语中这类语法隐喻也是存在的，在本书第四章会有具体的讨论。第二种以构型为起点的级阶调整有着更简单的表现形式，只需将构型语义压缩为一个名词词组，原小句中的动词通常都会转换为名词词组中的核心词。

以各类语义要素为起点的层级转化通常以名词词组内部的各种构成要素为终点。具体而言，其中过程成分通常被名词化，而其他成分则转化为等级更低的修饰语、指向语和后置定语。

以级阶调整的视角对概念隐喻进行分类，可以清楚地展示不同语义层级和语法层级之间的变化关系。相对于以成分转移为依据的分类方法，明显更具宏观视野，有利于从整体上展现概念隐喻的本质特征。但是也应该看到，这两种分类方法其实并行不悖，互为补充。只有将它们结合在一起，才能看清不同类型概念隐喻各方面特征的全貌。在本书进行的汉语语法隐喻分类研究中，一直坚持将这两种分类方法作为有机的整体来看待。

2.2.2 人际隐喻的具体分类

到目前为止,人际隐喻的分类远没有概念隐喻的分类系统化。这主要是因为在人际元功能的隐喻式表达方式中,语法成分改变和语义成分转移的脉络并不是十分清晰。除此之外,人际元功能本身的表达就极其复杂,可以说是人类语言中最复杂的体系。要对这样一个复杂的体系进行分类,本身就有很大的难度。由于人际隐喻通常和语气与情态两个分系统关系密切,有关的分类研究都将人际隐喻从总体上区分为语气隐喻和情态隐喻两个大的部分。

2.2.2.1 情态隐喻的类型

情态隐喻的分类和情态体系的划分有密切的关系。情态其实是介于肯定和否定之间的一种表达方式。如果情态用于信息的交换,表达的就是命题(proposition)。处在肯定与否定表达之间的命题可能是"非正亦非负",即可能性(probability)。但是肯定与否定之间的命题也可能是"亦正亦负",即规律性(usuality)。如果情态用于物品或者服务的交换,表达的就是提议(proposal)。提议可能是说话人自身的意愿,也可能是别人强加的意愿。前者是倾向性(inclination),后者是强制性(obligation)。对这样一个体系,Halliday(1994)总结为图2.5所示的形式。

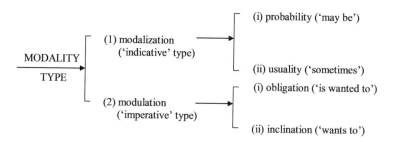

图 2.5 情态表达体系(Halliday, 1994: 357)

图2.5清楚地表明,虽然语言中的情态表达庞杂多变,但无外乎四种大的类型,即可能性、规律性、强制性和倾向性。这种划分为情态系统的分析提供了一个约束性较强的可操作框架,也为情态隐喻的讨论找到了一个出发点。Halliday(1985a;1994)还指出情态语义有主观(subjective)和客观(objective)的表达方式,也有清晰(explicit)与模糊(implicit)表达之别。如果我们把所有这些情态表达的区分特征组织在一起,就能得到表2.6所示的多种组合关系:

表 2.6　情态表达形式列表（Halliday，1994：358）

	Subjective: explicit	Subjective: implicit	Objective: implicit	Objective: explicit
Modalization: probability	I think [in my opinion] Mary knows	Mary'll know	Mary probably knows [in all probability]	It's likely that Mary knows [Mary is likely to]
Modalization: usuality		Fred'll sit quite quiet	Fred usually sits quite quiet	It is usual for Fred to sit quite quiet
Modulation: obligation	I want John to go	John should go	John's supposed to go	It's expected that John goes
Modulation: inclination		Jane'll help	Jane's keen to help	

虽然表 2.6 中罗列的是英语中的情态表达方式，但是能够说明很多问题。首先，表格中最值得注意的就是清晰与模糊表达的区分。情态语义的表述，可以借助小句中的情态成分来完成，也可以以一个独立的投射小句的形式来实现。就像表 2.6 中的 I think 和 will 都能表达可能性，前者就是一个独立小句，而后者只是小句的一个成分。这两种表述方式除了形式上的差异，更多的是体现了说话人的主观态度清晰与否。同样道理，客观情态表达也有清晰与模糊的区分。比如，表格中 It is likely 和 probably 就分别是客观情态表达的清晰和模糊形式。从语法隐喻的角度来看，小句成分是情态表达的一致式选择，而独立小句则是情态表达的隐喻式选择。所以，Halliday（1994）明确地指出，所有借助独立小句实现的清晰情态表达方式均属于语法隐喻的范畴。

表 2.6 还说明，每个类别的情态隐喻都可以按照四种情态类型，以及清晰和模糊表达方式的差异，进一步进行区分。就小句类型而言，情态隐喻大多以心理和关系小句的形式表达。仔细观察表 2.6，我们还会发现有些位置是空白项。也就是说，这些项目在实际表达中是不会出现的。比如，表格的最后一行中关于倾向性的表述，就只有模糊表达方式。这等于说，倾向性表述就没有隐喻式表达方法。但是需要注意的是，这些空白项的范围到底有多大，一直是众说纷纭。Halliday（1994）以及 Halliday and Matthiessen（2004）都认为规律性和倾向性的清晰主观表达，还有倾向性的清晰客观表达都是空白项。相反，在 Halliday（1985a）以及 Martin，

Matthiessen and Painter(1997)的研究中,只有经常性的清晰主观表达被认为是空白项。这些不同理解的出现从侧面反映了情态系统的内在复杂性。这也是包括情态隐喻在内的人际隐喻比概念隐喻更难以描述和分析的根本原因。这方面的前人研究集中于英语中的情态表达,这里不再做过多评论。本书需要做的是梳理汉语中的情态表达的具体情况,提出汉语中的隐喻式和一致式表达的区分标准。这方面的讨论会在第四章展开。

2.2.2.2 语气隐喻的类型

如前文所述,所有语气表达的语言资源都用于四种类型的言语功能,即声明、质疑、意愿和命令。其中的声明、质疑和命令分别以陈述句、疑问句和祈使句为一致式实现方式,而意愿语义并没有所谓的一致式表达。但是在实际的语言使用中,言语功能通常不是由一致式的表达来实现的。比如,我们常常会以一个陈述句去表达一个命令,或者以陈述句来表达质疑。Halliday and Matthiessen(2004)依据言语功能的不同实现方式,将语气隐喻细分为两类。

第一类语气隐喻以投射句的形式得以实现。一种言语功能可以像情态一样由一个独立的小句来实现,这是一种隐喻式表达方式。但是,投射小句的类型是受到限制的,主要涉及系统功能语言学中六个小句类型中的心理和言语两类。表2.7列出了英语中所有可能用来进行这类表达的小句类型及其例证。

表2.7 以投射句形式实现的语气隐喻(Halliday and Matthiessen,2004:630)

		declarative		interrogative: yes/no	
speaker (speaker+)	I (we) implore you→to I (we) want→you to	I (we) would advise you→to I (we) would want→you to	May I (we) advise you→to		proposal: command
	I (we) assure you→that	I (we) can assure you→that	May I (we) assure you→that		proposition: statement
	I (we) ask you→whether I (we) wonder→whether	I (we) must ask you→whether I (we) must wonder→whether	May I (we) ask you→whether		proposition: question

续表

	declarative	interrogative: yes/no		
addressee				proposal: command
	You must believe→that	Would you believe→that		proposition: statement
	You must tell me →whether	Would you say →that Could you tell me→whether	Do you mean →that	proposition: question
	temporal: present	modal: modulation		temporal: present

表 2.7 给出了英语中语气隐喻投射句表达形式的很多信息。比如,投射句可以是陈述形式也可以是疑问形式,可以是第一人称也可以是第二人称。尽管如此,表 2.7 并不能涵盖所有可能的表达方式,只是梳理了大致的方向。本书的第五章对汉语语气隐喻的表达进行了分析,发现其形式和英语有诸多不同之处。表 2.7 列出的隐喻式表达的本质,是语气表达的语法实现方式在级阶上获得提升。语气通常是由小句中的语气词来表达,实现单位局限在小句中,但是表 2.7 中的隐喻式表达方式实际上是将语气的实现单位提升到了小句复合体级阶。这种表达方式使说话的人置身于实际表达之外,极大地加强了语气表达的客观性。

投射小句之外的隐喻式表达方法被 Halliday and Matthiessen(2004) 定义为另外一种类型的语气隐喻。在具体表达中,常见的形式有两种:一种是前文提到的以非传统的句子类型来实现语气表达,比如用陈述句和疑问句表达命令;另一种常见表达形式则是一些日常生活中频繁使用的公式化表达,或者套话。这方面的问题在 Austin(1975)的言语行为理论中已经有了非常成熟的研究,在第七章中我们会针对汉语的情况,详细加以说明。

2.3 语法隐喻和语言演变的关系

前文提及,语法隐喻是一项重要的语义扩充资源。有关研究一直将该现象和语言演变的相关性作为讨论的重点。Halliday and Matthiessen (1999) 为语言演变确定了三个时间轴线,即语言历史轴(phylogenesis)、语言习得轴(ontogenesis)和语篇展开轴(logogenesis)。语言历史轴指的是人类语言的发展历史,语言习得轴指的是个人学习语言的过程,而语篇展开轴则是指一个语篇在展开的过程中语言会出现哪些变化。在语法隐喻和语言演变相关性的研究中,重点一直被放在语言历史轴和语言习得轴。

2.3.1 语言历史轴研究

Halliday(1988)在分析科技英语的写作特点时,第一次进行了语法隐喻和语言演变关系的研究。他调阅分析了从 Chaucer 开始到现代科技英语长达 400 年的英语写作资料,发现在漫长的英语发展进程中,科技写作出现一系列有规律的变化,其中一个主要变化是语法隐喻的使用程度不断上升。在 Chaucer 的作品中就已经出现了名词化表达的两个萌芽:1)专用名词的出现;2)包含大量修饰语的名词词组。而在 Newton(1704)的 *Opticks* 一文中,以名词化形式出现的语法隐喻已经成为了构建科技语篇的基本手段。Newton(1704)将动词或者形容词名词化,实现了两个重要的语篇效果。首先,一个复杂的现象被压缩为单独的语义项,适合对其进一步进行说明。其次,被名词化的现象成为新的论述的主题,有利于展开更深入的讨论。在 Newton 的文章中,"名词词组(隐喻式表达)+动词+名词词组(隐喻式表达)"成为一种占主导地位的表达方式。因此,Newton(1704)不仅构建了新的知识体系,而且以新的语言形式来表达该知识体系。换言之,正是对新知识的表达需求催生了科技文体中语法隐喻的雏形。这也恰好符合语法隐喻是重要的语义扩充资源的观点。

在 Newton 之后,科技英语继续发展,呈现出了更多的新特征。一方面,大量的名词词组被用来将"过程"语义名词化,并借此对其进一步进行修饰。另一方面,名词化的"过程"含义被逻辑关系连接得更加紧密。这两个特征的出现都是以语法隐喻的使用为基础的。到 18 世纪末,上述两个特征已经成为科技英语最突出的表现形式。进入 20 世纪,科技英语的最新发展是将逻辑关系也名词化,这同样是和语法隐喻的使用密切相关的。由此,Halliday(1988)总结道,从 Newton 的时代开始,语法隐喻的使用程度日益提升,成为扩充语义资源的一种关键手段。

Banks(2003)也开展了一项语法隐喻和语言演变关系的研究。他使用的语料比 Newton 论文的出现时间更早一些。分析结果表明,在 Newton 之前,语法隐喻就已经是一种重要的写作策略了。Banks(2003)认为 Newton 的文章不应该被当作语法隐喻的起点。同时他也分析了

Faraday(1838)所写文章的语言特点,提出在过去的250年间,语法隐喻的使用频率一直不断地增加。Banks(2003)的另外一个重要发现是物理学领域和生物学领域的科技语篇中,语法隐喻的使用特点不尽相同。这一点在下一节中会有更详细的介绍。

尽管Halliday(1988)和Banks(2003)在科技英语中语法隐喻的出现时间上观点有分歧,但是有一点是一致的,他们都认为科技写作文体的出现同语法隐喻有密切的关系。Halliday(1993:80)更是认为语法隐喻的使用是语言发展必然要经历的过程。他这样描述语法隐喻和语言发展的关系:

> 语法隐喻甚至在古希腊时期的科技写作中就已经出现了,古拉丁语也继承了语法隐喻的使用,并且将其进一步发展壮大。从文艺复兴时期开始,意大利语、英语、法语、德语、俄语和其他欧洲语言都大量使用语法隐喻,达到了相当可观的程度。

显然,关于语法隐喻和语言演变关系的研究还只是处于起步阶段。相关研究集中于科技写作,而且语料的回溯时间没有超过400年。虽然Halliday看到了语法隐喻在古典语言(如拉丁语)中的使用例证,但是还极少有学者借助古典语言的语料展开针对性的实证研究。近期,本书作者借助古汉语和古英语语料,开展了关于语言演变和语法隐喻关系的探索性研究,其中的很多发现都支持Halliday的观点,也有一些发现超出了Halliday的讨论范围。有兴趣的读者可以参考杨延宁(2019a,2019b)了解更多细节。值得注意的是,语法隐喻理论对语言中形式和意义互动的理解为语言演变研究提供了全新的路径,有利于开展更为深入的研究。

2.3.2 语言习得轴研究

Halliday(1994:xviii)认为,"语法隐喻是成人的语言特征,习得的时间比较晚"。两岁大的儿童已经可以理解普通的概念,到了五六岁时就可以理解抽象概念,而使用语法隐喻的能力要到九、十岁的时候才能形成。语义和语法的配对关系在儿童语言中总是呈现出一致式选择,只有接近少年的时候才会出现语法和语义单位之间较为复杂的重配关系。Halliday(1994,1998)的观点得到了大量实证研究的支持,其中比较重要的包括Derewianka(1995)、Painter(2003)以及Torr and Simpson(2003)。

Derewianka(1995)的研究是一项历时性的跟踪研究,关注的是五岁到十三岁这段时间语法隐喻的使用情况。分析中使用的语料包括研究对象在五到十三岁期间所写的语篇,以及围绕这些语篇所进行的口头交流。

研究者标注了语料中所有语法隐喻的实例,并且进行了分类。分析的结果表明语法隐喻的学习过程是渐进式的,并不会在某个成长阶段突然出现。如果哪一段时间语法隐喻的使用量突然增加,都是和教师的要求、写作课题的改变或者阅读材料的改变有关。Derewianka(1995)研究中的另外一个重要发现是,不同类型的语法隐喻的发展并不均衡。其他语义成分向"性状"和"事物"成分转化的情况出现得比较早,使用得也比较频繁。另外,语法隐喻虽然是典型的书面语特征,但是在儿童阶段它首先在口语中出现。Derewianka(1995)的研究实际上印证了 Halliday 对语法隐喻和儿童语言发展关系的看法。

Painter(2003)的两个研究对象年龄段更低,分别是七个月到两岁半和两岁半到五岁。他发现在两岁半语法体系成熟时,语法隐喻的萌芽就会开始出现,主要表现为开始使用后置定语。在四岁以后,就可以观察到简单的语义成分之间的转化。Painter(2003)这些观察结果虽然不能称为严格意义上的语法隐喻,但是属于隐喻式表达的范畴。可见,语法隐喻在学龄前阶段就已经开始进入个人语言习得的进程。

Torr and Simpson(2003)开展的研究中,涉及的儿童数量是五名。他们使用的语料主要是对这些儿童长期进行跟踪研究的过程中所积累的学习笔记。Torr and Simpson(2003)的研究比较特别的地方在于,他们关注的是两类语法隐喻,即概念隐喻和人际隐喻的使用特征。他们发现,儿童对人际隐喻的使用从两三岁时就开始了,主要的形式是用隐喻式的表达来实现各种类型的言语功能。三四岁以后,儿童开始使用投射句形式的人际隐喻。从五岁以后,儿童开始学会使用抽象概念并进一步丰富人际隐喻的使用。Torr and Simpson(2003:181)最重要的研究结论是"语法隐喻从学龄前时期就开始出现和发展起来了"。

上述研究只是关于语法隐喻和语言演变研究中比较重要的部分。还有一些相关研究,这里不再逐一介绍。但是从上述研究中我们可以看到,语法隐喻和语言的发展演变历程有怎样的密切关系。这方面的研究有非常重要的意义,但是研究的程度尚浅,是非常有前途的研究方向。比如,语言演变涉及三个时间轴线,即语言历史轴、语言习得轴和语篇展开轴。已有研究仅仅涉及了其中的前两个。到目前为止,还没有研究者从语篇展开轴入手来讨论语法隐喻和语言演变的关系。即便是前两个轴线,相关研究也进行得并不彻底,留下了大量悬而未决的问题。比如,前文提到的古典语言中语法隐喻出现和使用的情况就没有得到清楚的说明。可以说,语法隐喻和语言演变关系的系统化研究,是很大一块需要填补的研究领域。

2.4 语法隐喻同语境变化的关系

Martin(1992:490)提出语法隐喻是"理解语篇语义最重要的工具,同时也是理解语篇特征和语境相互关系的关键"。Ravelli(2003)也特别强调要理解语言形式和语境的关系,就必须关注语法隐喻的使用情况。关于语法隐喻和语境变化关系的研究主要分为两个领域:第一个领域是分析语法隐喻和语域要素之间的相互关系,第二个领域则是探讨语法隐喻在特定语境下的使用特征及其背后原因。

2.4.1 语域和语法隐喻

Halliday(1978)提出语域有三个关键要素:语场(Field)、语式(Mode)和语旨(Tenor),分别指讨论的主题、修辞形式和交流关系。这三个要素同语言的三大元功能是密切相关的。语场主要同表意功能有关,语式同语篇功能有关,而语旨同人际功能有关。Halliday(1985b)认为语法隐喻的使用程度和语式的差异有非常大的关系。所以,早期的相关研究都聚焦于语式变化如何影响语法隐喻的使用,特别是书面语和口语中语法隐喻的使用特征有何不同。

Ravelli(1985)分析了由四篇书面语和四篇口语语篇组成的语料,试图揭示语式、语法隐喻和语言复杂度的关系。为了区分不同语篇的语式特征,Ravelli(1985)用测量词语密度和语法复杂度的方法为语篇划定语式等级。同时,她也将语法隐喻的使用程度进行了等级区分。语式和语法隐喻的关联分析表明,语法隐喻使用程度、语式选择和语篇复杂度之间有密切关联。更重要的是,Ravelli(1985:109)的研究表明"语法隐喻同语式改变的关系密切,而语篇复杂程度和语式改变的主要推动力就来自语法隐喻"。

Ravelli(1985)还注意到语法隐喻也是主位控制和信息体系建立的重要手段。同样的语义可以用不同的表达形式来实现,这样就可以把信息置于需要的位置,比如主位或者述位。这等于无形中增加了多种表达手段,非常有利于语篇整体结构的调整。Halliday and Matthiessen(1999)对语法隐喻和语篇功能相互关系的解释则更加清楚。他们认为名词化的词组、小句或者小句复合体是唯一可以理所当然成为主位的语法成分。为了将一个信息以表述出发点的形式呈现出来,就必须将其名词化。这种名词化而来的主位作为已知信息,拥有非常丰富的背景信息,因而成为进一步推理和陈述的有力起点。

语法隐喻和语境关系研究的另一个重点是语场对语法隐喻使用的影响。Halliday(1993)认为语法隐喻首先是在科技语域中出现和发展起来的。在科技语篇中,几乎每个句子中都会有语法隐喻的例子。这种情况出现的根本原因在于,科技语域需要创造一种新的知识类型。更确切地说,语法隐喻虽然在各类语域中都被使用,但是科技语篇中的特殊表达需求是推动语法隐喻使用的最重要动力之一。由于科技语域和语法隐喻的密切关系,以科技类语篇为对象的语法隐喻研究受到了很多学者的重视,催生了一系列研究成果。

已有研究表明,语法隐喻的表现形式在不同语场的语篇中是不同的。Martin(1993a)对比分析了从科技和历史教材中选取的语篇,发现两类语篇呈现不同的语法隐喻使用特征。科技语篇多将语法隐喻用于科技术语的建构,而历史语篇则倾向于将语法隐喻用于现象的分类。从语义角度看,科技语篇重视借助语法隐喻体现逻辑关系,而历史语篇强调用语法隐喻展现小句内部成分的关联。按照 Martin(1993a:267)的说法,不同类型语篇的语法隐喻使用特征表明,"语法隐喻在不同语场中体现着不同的语义语法互动关系"。讲得形象一点,语法隐喻在科技和历史语篇中分别起着"浓缩"和"支撑"的作用。

Halliday and Matthiessen(1999)对于天气预报和菜单这两类语篇的分析,同样印证了不同语场中语法隐喻会有不同的使用特征。这项研究的一个主要发现是天气预报中天气的变化过程和特点都被名词化,以便对其进一步修饰。与之相反,在菜单中很少出现语法隐喻,因为这类语篇更强调动作过程本身。这种差异出现的根本原因就在于两类语篇讨论的主题大不相同。

2.4.2 语法隐喻的内在动力

建立起语法隐喻、语域要素和语言元功能之间的联系还不足以彻底解释语法隐喻出现的内在动力。国外研究者(Kress,1989;Thibault,1991;Melrose,2003)主要试图从更深入的社会和文化层面来解释语法隐喻出现的根本原因。

Kress(1989)就认为语法隐喻理论未能从根本上解释该现象出现的社会及政治原因。他建议将语法隐喻理论和 Halliday 的其他语言形式调整的理论进行整合,同时加入更多的社会及文化方面的解释。Thibault(1991)认为要解释语法隐喻现象的内在动力,就应该将语篇差异的阶梯性特征纳入考量。不能简单地确定何种表达为一致式,何种为隐喻式,而是要确定一个阶梯式的差异标准,反映语篇的内在趋同性和差异性。Melrose(2003)则将语法隐喻的出现同意识形态的变化联系在一起。语法隐喻,特别是名词化形式的使用,可以被看作是表现自己掌握某种特定专业的外在表现,可以极大地加强使用者的权威性。

对于语法隐喻产生的内在动力,国内学者也有大量的相关思考。朱永生、严世清(2000)从哲学层面上探讨了语法隐喻的理据。胡壮麟(2004)从认知的角度分析了该现象出现的更深层原因。范文芳(2007)利用语言认知模式分析语法隐喻,认为语法隐喻是语法单位在不同语法域之间的转移。林正军、杨忠(2010)和丛迎旭(2011)都提出语法隐喻的一致式与隐喻式在语义层面上存在转喻关系。

上述简要回顾表明,对语法隐喻内在动力的理解正在逐步深化。虽然国内外学者各抒己见,但该问题并没有得到彻底澄清,因而无法建立一个完善的有关语法隐喻的理论体系(张德禄、雷茜,2013)。这一局面的形成与当前研究的侧重点选择以及实证研究的缺乏均不无关系。

2.4.3 国内外应用型研究

语法隐喻同语域要素的内在联系,在国内外都引发了相当多的应用型研究,涉及语篇分析、语言教学和翻译等多个方面。语篇分析和翻译研究主要集中在国内。前者涉及最多的是新闻语篇(赵德全、宁志敏,2005)和科技语篇(贾军,2005;江淑娟,2008)。后者主要利用语法隐喻理论指导各类语篇的翻译(陈夏南,2005;肖英、吕晶晶,2007;许婺、吴玲娟,2008)。黄国文(2009)则从翻译角度提出一致式和隐喻式的选择受不同交际目的的制约。

教学方面,国内研究者主要关注语法隐喻对英语学习者语言输入的影响(李瑞芳、孟令新,2004),以及学习中语法隐喻的迁移(熊学亮、刘东虹,2005)。国外研究者则对写作教学研究投注了较大的热情。Liardét(2016)以墨尔本大学一年级学生的说明文习作为分析对象,试图建立英文写作水平和语法隐喻之间的关系。该研究表明,写作水平较高的学生对语法隐喻的使用更加频繁。据此,Liardét(2016)给出了具体的教学建议,通过强化语法隐喻的使用来提升学生的英文写作能力。对语法隐喻和写作能力的关注不仅限于英语教学研究。Byrnes(2009)分析了14名美国大学生的德语写作样本,证明第二语言写作中语法隐喻的作用同样非常突出。Ryshina-Pankova(2015)的研究则更具概括性,认为语法隐喻的使用程度是衡量第二语言文本复杂度的重要指标。该研究以个案分析的方式深入探讨语法隐喻和语法复杂度的内在联系,并据此为课程设计和教材开发提出了建议。

事实上,依据语法隐喻理论开展的应用型研究还有很多,篇幅所限,不能逐一进行回顾。但是,本节提及的应用型研究已经充分说明了语法隐喻理论的巨大影响力。本书致力于汉语语法隐喻分析框架的构建,也是为了促进针对汉语的应用型语法隐喻研究的发展。

2.5 总结

本章从四个方面对已有的语法隐喻研究进行了全面和细致的梳理。相关内容表明,对语法隐喻本质的理解在过去 30 多年时间里不断地发生着变化。从最初的直觉式论断,到对比词汇隐喻和语法隐喻,再到关注语义层和语法层的互动关系,对语法隐喻本质的理解一直在加深,对该现象出现的内在原因也有了更加清晰的判断。所有这些努力都为后来的语法隐喻研究打下了坚实的基础。对语法隐喻现象的分类是在讨论其本质的基础上展开的,极大地丰富了语法隐喻理论。更重要的是,具体类别的划分使基于语料分析的语法隐喻研究成为可能。语法隐喻和语言演变以及语境变化的内在关系分析,可以看作是拓展性的语法隐喻研究。这些研究体现了语法隐喻理论的实用价值,同时也加深了研究者对该理论本身的理解。本章的回顾清楚地表明,语法隐喻研究的主体依然基于英语,缺乏对其他语言中该现象的系统化研究。本书的目的正是要弥补这方面的不足,同时以汉语语法隐喻研究的发现来丰富和完善语法隐喻理论本身。

第三章　汉语系统功能分析框架

3.1　原则与视角

语法隐喻理论基于系统功能语言学，涉及语义和词汇语法两个层面的多种语言现象。为深入研究汉语中的语法隐喻，首先需要建构一个可靠的汉语系统功能分析框架。在系统功能语言学领域，已经有了一定数量的汉语研究，内容涉及汉语的多个方面（比如 Tam，1979；Long，1981；Tsung，1986；Ouyang，1986；McDonald，1992；Fang，McDonald and Cheng，1995；Zhu，1996；Halliday and McDonald，2004；岑绍基，2010）。本章的内容以这些研究为基础，但是并非将相关研究发现进行简单汇总。前人研究的部分结论在本章中得到认可，其他结论则经过再分析以发现其中的不确定性和可讨论之处。本章的讨论也参考了系统功能语言学之外成熟的汉语语法研究成果，比如 *A Grammar of Spoken Chinese*（Chao，1968），*Mandarin Chinese: A Functional Reference Grammar*（Li and Thompson，1981），来加深对具体问题的认识。但是本章并不追求对汉语语法体系的各个方面进行穷尽式的研究。语法隐喻是语义层和词汇语法层互动的结果，本章的讨论只需要将互动中涉及的语义和词汇语法现象纳入考虑范围，就足以为后续章节的讨论提供坚强的支撑。

3.1.1　建立汉语系统功能分析框架的原则

同许多语言学理论一样，系统功能语言学理论创立的目的是对所有人类语言进行研究。但是受到现实条件和历史传统的制约，其核心研究对象依然是英语。这就必然带来一个问题，即大量适用于英语分析的功能标注对汉语分析未必完全可行。正如 Halliday（1994）所说，将用于英语分析的功能类别直接用于汉语是具有一定危险性的。他认为在认定某个语言的特定功能类别时，首先需要考虑的是同一个语言中的其他功能类别，而不是另外一种语言中的相似类别。在最理想的情况下，我们甚至没有必要去参考其他语言中的情况，应当假设拟分析语言从未被描述过。当然，依照这种思路从无到有地建立汉语的系统功能分析框架,所需工作量必然十分巨大。所幸前人研究已经为汉语的系统功能分析奠定了基础,很多工作不必从头做起。

在系统功能语言学中存在两种类型的语法概念:理论型和描述型。理论型语法概念比较宏观,偏重体系性描述,其中包括"元功能、系统、级别、类型和实现"等。而描述型语法概念则侧重语言的细节分析,通常涉及"小句、代词、主语、物质过程和主位"这些名称。理论型语法概念是跨语言存在的,具有广泛的适用性。不同语言中的理论型语法概念都比较稳定,有极强的趋同性。而描述型语法概念则依语言的不同而发生变化。如果用一种语言中的描述型语法概念来描述另外一种语言,就必须做出适当的修正。因此,本章重点关注汉语中有哪些不同于英语的描述型语法概念。

Halliday(2003)认为,判定某个语言中特定描述型语法概念的有无,可以采用三个视角:1)自上而下(from above);2)环顾周边(from around);3)自下而上(from below)。自上而下的视角关注语法成分如何实现语义,环顾周边的视角注重不同语法成分之间的相互关系,而自下而上的视角则专注于语法类别的具体形式。形式语法依赖的是自下而上的视角,以形式上的差异来区分语法成分。而在功能语法中,自上而下的视角更受重视,形式上的差异并不是判断语法类别存在与否的关键。正如Halliday(2003:203)所言,"功能语法是通过分析语法类别的功能来确定其有无的"。

考虑到很多描述型语法概念的认定基于英语语言事实,本章自始至终坚持"自上而下"的原则来判断它们在汉语中是否适用。这样做的主要目的是避免被语法概念表面形式的差异所误导。比如在英语和汉语中存在着表现形式完全不同的语法成分,但不能据此认为它们属于不同的功能类别。这些形式不同的语法成分如果表达同样的功能,就应该被认定为相同的类别。依据这个思路,当我们把英语中的语法概念带入到汉语中时,必须要进行验证。具体的做法是,先观察英语中特定语法概念的功能属性在汉语中是否存在,然后再来看这一概念在汉语中的具体表现形式。本章建构汉语功能分析体系采用的正是这一做法。所有在英语语境下建立的描述型语法概念,都会被放在汉语语境中进行检验,看它的功能属性是否适用于汉语的语言现实情况。这种做法能够有效地避免英语的描述体系在汉语中被滥用。

3.1.2 横向与纵向视角

Saussure(1959/2011)指出任何符号的意义都来源于它和其他符号

的相互关系。这种关系具体可以分为两类,即横向组合关系和纵向聚合关系。横向组合关系指的是一个符号和同级阶符号之间的联动关系,而纵向聚合关系则是指一个符号和其他符号之间的替代关系。系统功能语言学更注重的是语言符号纵向关系的描述,优先考虑不同符号之间的替代关系。但这并不意味着系统功能语言学不需要进行横向语法关系的描述。相反,一个完备的语法体系是由横向和纵向两部分构成的。纵向的部分主要描述系统内不同语法成分的选择性,而横向的部分则描述不同选择的实现方式。为建构完备的汉语功能分析框架,两种关系的描述缺一不可。

在接下来关于汉语系统功能分析框架的建构中,首先需要判定的是该体系中有哪些语法选择,然后才会描述这些选择的实现形式,即先纵向后横向。在系统功能语言学中,横向组合关系被称为"实现模式"。Eggins(1994:210)认为这种实现模式应该包括四个部分:"涉及的功能成分的说明,功能成分的排序,功能成分的组合关系以及功能成分本身的细小分类。"在下面的描述中,系统中不同选择的实现模式都是从这四个方面入手的。在具体的描述中,依据的是语言的三大元功能划分。首先是表意功能,然后是人际功能和语篇功能。以这三个方面的描述为基础,本章还专门讨论了汉语复句中的逻辑关系和各类词组、短语的结构特征。在所有的描述中,都会针对已有研究中分歧较大或争论较为激烈的部分,进行针对性的重点讨论。

3.2 汉语小句的表意功能分析

语言的表意功能涉及人类对内部思想世界和外部客观世界的认识。Halliday(1994:106)认为:"我们最深刻的体验就是事物的进行状态,比如发生状态、感知状态、存在状态、变化状态等。"对这些状态进行表达的语法系统称为"及物性"(transitivity)系统。该系统的功能就是将复杂的经验世界转化为一组在语言表达中可控的过程类型。Halliday(1994)一共定义了六种英语中的过程类型,即物质过程、心理过程、关系过程、行为过程、言语过程和存在过程。关于汉语过程类型的讨论非常多,也形成了很多不同的结论(比如 Tam,1979;Long,1981;McDonald,1992;Zhou,1997;Halliday and McDonald,2004;岑绍基,2010)。首先,我们需要回顾已有研究,审视其结论,找出其中主要的分歧点,然后以此为基础提出本书使用的汉语过程类型分析模式。

3.2.1 汉语过程类型的不同理解

Tam(1979)是最早尝试对汉语中的过程类型进行描述的学者。他分析的对象是由《红楼梦》的原文和译文构成的中英双语平行语料。基于对该语料的分析,他认为汉语中有四个过程类型,即关系过程、言语过程、心理过程和物质过程。他还通过列举典型例证的方法,对每种过程类型的识别标准做了清晰的说明。Long(1981)也是较早开展汉语过程类型研究的学者,他认为汉语中有五种过程类型,即物质过程、归属过程、心理过程、言语过程和关系过程。其中的归属过程是区别于 Tam(1979)的主要特征,也是整个研究最大的亮点。Long(1981)的研究成果以英文发表,其中的"归属"指英语中的"ascription"。所谓归属过程指汉语中无需任何动词就可以实现的归属关系表达,比如"明天星期五"。这种过程类型又可以细分为属性和等值两个小类。Long(1981)的研究比 Tam(1979)有明显的进步,因为他注意到了汉语在表达归属关系时有着和英语不同的表达形式。这一发现也成为后来相关研究所关注的重点。

McDonald(1992)也曾提出自己对汉语过程类型的理解,其主要特点是将汉语中的过程类型划分为行动、关系和状态这三个大类,其中的行动过程又被细分为物质、言语和心理三个分项。关系过程同英语中的关系过程相类似,而状态过程则和 Long(1981)提出的归属过程没有太大的差异。Zhou(1997)的研究则主要关注汉语中两类具有突出特点的过程类型,分别是物质过程和关系过程。他认为这两类过程是判定汉语过程类型的关键,而且提出需要确定汉语中关系过程的具体范围。在 Zhou(1997)的研究中,Long(1981)提出的归属类型和 McDonald(1992)提出的状态类型都没有被看作单独的过程类型,而是被归入到关系类型之下。因此,在 Zhou(1997)的结论中,关系过程的实际范围要比其他研究中的同名过程类型的范围大得多。

Halliday and McDonald(2004)对汉语过程类型的论述,是前人研究中最为详细的。他们认为汉语中有四个过程类型,包括物质过程、心理过程、言语过程和关系过程。他们认为英语中的存在和行为过程,在汉语中并不能构成单独的类型,而应该归入关系和物质过程。Halliday and McDonald(2004)认为汉语中的过程类型识别同两个因素密切相关。首先,过程类型的识别同汉语中的时、体特征有关。汉语中的过程是由主动词和后缀动词一起表达的。过程类型既可以依据主动词的类型来确定,也可以依据后缀动词的类型来划分。其次,汉语中关系过程的范围大小非常不容易确定,给汉语中的过程类型划分增加了很大的难度。Halliday and McDonald(2004)的观察切中了汉语研究的要害问题。汉语中动词的使用与英语的动词使用有很多方面的不同,其中最为突出的是汉语可以借助两个甚至两个以上的动词建构谓语结构,这在英语中是很难做到的。判定过程类型最依赖谓语部分的语义,两到三个动词同时出现自然增加了分析的难度。至于汉语中关系过程的范围问题,表面上看同形容词有关,实际上还是和动词有着千丝万缕的联系。原因在于,汉语中的形容词边界并不清晰,同动词有太多的重合部分。而这些重合部分引发了具体讨论中的诸多不确定性。

3.2.2 过程类型再分析

要对汉语语法隐喻进行系统分析,一个可靠的过程划分模式是不可或缺的。

通过回顾前人研究我们不难发现,很多研究者都提出了自己的模式。但是这些模式都或多或少地面临着各种困难。对这些困难进行梳理就不难发现,要判定汉语中的过程类型主要面临的是以下三个核心问题:

1. 汉语中关系过程的范围到底有多大?
2. 汉语中是否有独立的存在过程?
3. 汉语中是否有独立的行为过程?

前文提到的相关研究都对汉语关系过程的边界进行了探索,其中的共识是汉语中的关系过程在语法形式上不同于英语中的关系过程,但是对于是否需要建立单独的过程类型来反映这种不同,前辈学人莫衷一是。因此,在三个核心问题中,第一个问题的重要性表现得更为突出。另外两个问题的出现和汉语动词的使用特征密切相关,上一节最后已经有所论及。本章关于汉语中过程类型划分的讨论,重点关注上述三个核心问题。当需要做出具体判断时,最重要的依据就是系统功能语言学中"自上而下"的视角。需要说明的是,凡是既往研究中不存在争议的部分,本章均不会展开讨论,而是直接采用前人研究成果。

3.2.2.1 关系过程

关系过程无论在汉语中还是英语中都是存在的,但是两种语言在类型学上的差异导致其关系过程在表现形式上有很大的不同。首先要确定的就是已有研究中的"归属"过程和"状态"过程应该成为独立的类型,还是应该作为关系过程的一个分类。这一点对于确定汉语中关系过程的范围是至关重要的。在讨论所谓"归属"过程和"状态"过程时,必须首先对汉语中的形容词特征有所了解。在汉语语言学研究中,一个普遍的认识就是汉语形容词有很多动词的特征。Chao(1968:663)对这一特征有清楚的描述:

> 我们在这里使用的"动词"是指在广泛意义上能够被"不"或者"没"修饰,并且能充当谓语或者谓语主要成分的词语。这种广义上的动词其实和谓语是同义的,汉语中所谓的形容词也应该被包括在内。原因在于,汉语的形容词都能够充当谓语或谓语的主要成分。

Li and Thompson(1981)也曾经提到汉语的动词和形容词其实是有很多相似之处的。在他们的书中,甚至没有将形容词列为单独的词类。汉语形容词内在的动词属性导致其形式特征和使用方法非常不同于英语中的形容词。比如,汉语的形容词在做谓语成分时,动词"是"常常是没有必要使用的。如:

(1)天气很热/中国很大。

这类表达的独特性使 Long(1981)和 McDonald(1992)分别为其专门设立了一个类别,就是前面提到的"归属"和"状态"过程。这两个过程类型建立的根本原因就在于汉语形容词的独特性。可以说汉语中的形容词既可以表达属性含义,也可以表达过程含义,就像 Halliday and McDonald(2004:358)指出的,"属性和过程结合在一起"。在系统功能语言学体系中,例(1)可以做如下标注:

(2)中国　　　很大。
　　载体　　　过程/属性

由此我们不难看出设置归属和状态两个类别的根本原因,还是在于其形式特征。而按照"自上而下"的原则,功能特征才是划分过程类型的根本依据。从功能角度看,所谓的关系过程就是为了建立两个事物之间的关系。语法形式上的特殊性不应该成为划定一个新的过程类型的标准。所以,所谓"归属"过程和"状态"过程只能是关系过程的一个分类。本书按照 Halliday and McDonald(2004)的叫法,将它们称为关系过程的"归属"分类。

需要说明的是,并不是说所有的归属分类过程中都不需要使用"是"。在很多情况下,还是有必要使用"是"的,只是这种用法表达强调意味,和英语中 do 表达强调时的使用方法非常相似,比如:

(3)天气是很热/中国是很大。

当"是"单纯地被用作过程时,其引导的通常是一个名词或名词词组,有时会以"的"来结尾。这种过程类型被 Halliday and McDonald(2004)命

名为"类别"过程,如例(4)和例(5)所示:

(4) 他是学生。

(5) 书皮是绿色的。

无论是归属过程还是类别过程,它们所表达的都是属性对载体的强化(intensive)关系。除此之外,载体和属性之间也可能是环境(circumstantial)和拥有(possessive)关系。环境关系是指属性成分说明载体所涉及的时间、地点、方式、起因、伴随、施动、相关和角度信息(Halliday,1994)。在汉语中,除了时间、地点和因果信息,其他的语义通常使用介词词组形式来表达。例(6)对比了汉语和英语的两个句子,可以清楚地说明这一点。

(6) a. The Earth's magnetic field concerns the inner structure of the Earth.
  b. 地球磁场跟地球内部结构有关。

这两个句子表达的语义是相同的,都是为了说明地球磁场和内部结构的关联性。对比这两个句子,我们不难发现其中的"相关"语义在英语中由动词来实现,是完整的过程,而汉语中该语义是由介词实现的,属于辅助过程(minor process)。至于表示拥有语义的关系过程,在汉语和英语中并没有明显的表达形式上的差异(Tam,1979)。

总结以上的分析,汉语中表达载体和属性之间的语义关系过程分为三类,即强化、环境和拥有。两个事物之间不仅是载体和属性的关系,还有可能存在着等值关系,涉及的事物可以称之为等值物和等值对象。在汉语中这种关系常涉及的动词包括"是、表示、代表、作为"等。同样地,等值关系也可以细分为强化、环境和拥有三个小的类型。表3.1对汉语中所有关系过程的类型划分进行了总结,并给出了实例。

表 3.1　汉语中关系过程的分类

	属性	等值
强化	归属:他很聪明。 类别:他是学生。	他是那个学生。
环境	会议在星期一。	明天是国庆。
拥有	他有一辆车。	那辆车是他的。

对比英语中的情况(参见 Halliday,1994),汉语的关系过程划分更加复杂,其中的关键就是表3.1左上方的"强化"关系被划分为两个子类别。

如前文所述,这种处理方法源于汉语形容词的特殊性。英语中的形容词边界较为清晰,只需要单一的"强化"类别就可以满足具体的分析要求。由此不难发现,以英语为参照系,汉语中的关系过程范围更大,很多兼具动词和形容词特征的词语都涉及其中。但是也应该看到,没有必要为这类词语划分出独立的过程类型,它们在语义特征上并没有脱离关系过程的范围。

3.2.2.2 存在过程

已有研究都倾向于将汉语中的存在过程作为关系过程的附属部分,但本书将其作为独立的过程类型来处理。这主要是考虑到汉语中"有"字的独特用法。汉语中一字多义的现象是非常普遍的,在语法分析中一个字的不同语义当然应该作为不同的表达方式来处理。根据刘月华、潘文娱和故韡(2004)的研究,"有"字有多达五种含义。从功能分析的角度来看,这些含义可以分为三类(Tam,1979)。第一类同表达拥有语义的关系过程有关,如:

(7) 你有一套公寓。

第二类表达的含义是"存在",和英语中的 there is/are 句式含义相同,如:

(8) a. 有车。
　　 b. 有一个难以解答的问题。

这类"有"字句区别于其他用法的最大特征在于,它们只涉及一个参与者,同时这类句子经常和体标注助词"了"和"过"连用。第三类表达如:

(9) 有人等你。

在这类表达中,"有"并没有任何动词含义,只是用来标注未知的参与者身份,其语义同英文中的 somebody 或 someone 相当,有泛指含义。重要的是,这类表达对过程类型的划分没有区分价值,而且它们从来不会出现在表示存在关系的句子中。Tam(1979)认为这种结构其实是一种标记手段,可以和非标记表达形式进行区分,其表达特征可以用 Tam(1979:82)给出的下面两个例句来说明:

(10) a. 非标记表达
　　　 爸爸是自然的老板。
　　 b. 标记表达
　　　 有人是自然的老板。

存在过程的根本功能是为了表明一个事物的存在性,换言之,这类过程只涉及一个参与者,而关系过程则呈现两个事物之间的联系。从上面对"有"字结构三个类型的分析,我们可以发现只有第二类是表达存在意义的,而且这类用法和第一类中的关系过程的区分非常明显。这类表达的特征说明,汉语中有独立的存在过程表达方式,不应将其和关系过程混为一谈。这也是本研究将存在过程作为独立的过程类型的根本原因。值得注意的是,表达存在关系的并非只有"有"一个动词,"发生""出现"和"存在"等一系列词语都可以表达同样的语义,如:

(11) a. 出现了一个对话窗。
　　　b. 存在着另外一种可能性。

3.2.2.3 行为过程

Halliday(1994:139)认为行为过程是所有过程类型中区别特征最不明显的一类。可能是基于同样的考虑,前文提到的研究者都没有将行为过程作为汉语中的一个独立类型。本书将行为过程独立出来,一方面是因为这类表达在语义上能够很容易地区分出来,更重要的是,汉语中有一类动词专门用于自然生理行为的描述,值得对其进行单独的标注,其中涉及的主要包括"哭""笑""看"和"听"这一系列动词。行为过程通常涉及一个行动者,有时也会有一个行动对象,如以下实例所示:

(12) 他(行动者)看着天空(行动对象)。

识别汉语中行为过程的一个困难在于,汉语中没有对表达自然行为和心理感受的词语进行严格区分,而是用"主动词+辅助动词"的形式实现表达目的。在英语中,see 和 watch 有很明确的区分,分别属于行为过程和心理过程,原因在于 see 是自发的行为,而 watch 则是内心愿望驱动完成的。在汉语中,对行为和心理的区分并不是由两组动词分别实现的,并没有 see 和 watch 这样的区分。当表达行为的主动词"看"后面加辅助动词"到"时,就已经转化为心理过程,如:

(13) a. 行为过程:我仔细地看了。
　　　b. 心理过程:我看到了河水。

从这两个例子中我们不难发现,辅助动词"到"的使用让"看"这个动作有了心理特征,因而成为心理过程。前文提到,汉语可以借助两个甚至两个以上的动词建构谓语结构,正是这种动词使用特征使得汉语的过程类型划分难度大于英语。在实际分析中,汉语中过程类型的划分同主动词和辅助动词都有非常大的关联,并非英语中依据一个动词就可以判断过程类型的情况。

3.2.2.4 其他类型的过程

前文集中讨论汉语中的关系过程、存在过程和行为过程，以回答汉语过程类型划分中的三个核心问题。除此之外，汉语中还有三种过程类型，即言语过程、心理过程和物质过程。这三类过程的识别远比上述关系、存在和行为过程要清晰得多。

言语过程涉及的动词除了同言语过程有关的常见动词，还包括"表示""证明"和"否认"这类表述个人观点和态度的动词。言语过程涉及的几个主要功能成分包括言者、听者、内容和对象。下面三个表述都是这类过程的实例：

(14) a. 他(言者)告诉我(听者)。
    b. 他(言者)介绍了游戏的步骤(内容)。
    c. 他(言者)批评了我们(对象)。

言语过程涉及的往往不是一个单句，常以复句的形式出现。比如：

(15) 他说你该小心。
     α   β

例(15)中第一个小句是言语过程，而第二个小句则是第一个小句的投射内容。第二个小句只是相当于一个表达内容，不会影响到第一个小句的过程特征。

心理过程的独特之处在于过程的参与者只能是人类，在本书的描述体系中被命名为感受者，其感受到的事物称为现象。心理过程另一个比较突出的特点是可以进一步区分为四个小的类别，即感知(如"看见"和"听到")、认知(如"知道"和"理解")、情感(如"喜欢"和"讨厌")和意愿(如"期待"和"渴望")。Halliday(1994)指出同心理过程有关的英语动词通常都会成对出现，比如 like(I like it)和 please(It pleases me)就可以分别从两个角度出发，表达同样的语义。汉语心理动词的配对现象远没有英语中这样广泛，只有少量出现在同情感有关的表达中，比如"我害怕他"和"他恐吓我"就属于这样的配对表达。这一特征可以在某种程度上帮助我们判断一个过程是否为心理过程，方法是从另一个角度入手对其进行重新阐述。

物质过程是汉语中使用范围最广的过程类型，它和时、体及语态的各类搭配关系也最为完备。所有的物质过程里都有一个"行动者"，但很多时候"行动者"被隐藏了起来。物质过程中常会有第二个参与者，也就是过程的"目标"。当行动者和目标同时出现，此时的表述是及物性表述，反之则是非及物性表述。除行动者和目标之外，另有两类参与者对于物质过程也很重要,分别是范围和受益者。范围只在非及物表述中出现,具体包括动作的次数、时间、程度和轨迹(Chao,1968)。受益者只出现在及物表述中,也有两个分类,即接受方和对象。前者指明动作的目标指向谁,而后者则是指动作为谁而做。无论是接受方还是对象,通常都需要动词来引导。Tam(1979)认为有些动词天然就需要一个接受方成分,比如"送""赏""借"和"留",而对象则常常由介词"给""为"和"替"来引导。

将前面所有关于过程类型的讨论加以总结,就会形成汉语中过程划分的完整图谱,其中列出了汉语中所有的过程类型及涉及的功能成分,具体如图3.1所示:

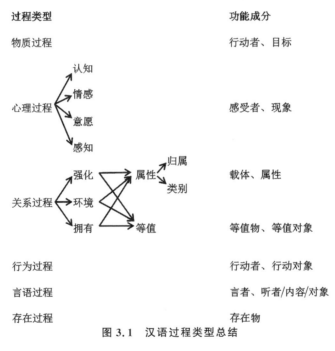

图 3.1 汉语过程类型总结

3.2.3 汉语中的环境成分

到目前为止,我们已经建立了一个完整的汉语过程类型体系。该体系表明汉语的小句通常都包括一个或者两个参与者以及用于过程表达的动词本身。除了这两类主要成分,还有一类辅助成分也不容忽视,也就是环境成分。环境成分为整个过程表达提供背景信息,主要由介词和副词来实现。

3.2.3.1 汉语环境成分的结构特征

环境成分最核心的部分是介词,因而汉语中介词和介词词组的结构特征也是环境成分的主要结构特点。但这并不意味着汉语中只有介词词组才能表达环境成分,副词词组也是环境成分的重要实现手段。前面已经提到过,汉语的介词和动词的关系非常密切。事实上,汉语的介词主要是由动词演化而来的,或多或少都带有一些动词的特征。受动词特征的影响,汉语介词在表达精确性上没有英语介词高。很多介词词组中会包含一个后缀成分,用于信息的精确传达,比如下面几个例子里的"中""里"和"下":

(16) a. 在真空中
 b. 在那段时间里
 c. 在这种情况下

后缀成分也多用来表达时间和抽象含义中的具体信息,上面例子中的 b 和 c 即是。

从这几个例子我们也不难看出,汉语介词词组中都会有一个核心参与者成分,比如(16a)中的"真空"。介词本身加上参与者成分完全可以构成一个相对独立的语义,可以被视作"辅助过程"。如果考虑到汉语中介词和动词的高重合性,介词词组形式的环境成分在很多方面都具有小句的特征。与之对应,副词词组构成的环境成分中没有参与者成分出现,其表达范围和灵活度自然都受到诸多限制,这是其不同于介词词组的最大特征。依据这种差异,汉语中的环境成分可以分为两组,一组由介词词组实现,另一组由副词词组实现,而第一组又可以根据是否使用后缀分为两个小类。表 3.2 按照这种结构划分标准区分了汉语中的八种环境成分。

表 3.2 汉语环境成分的结构划分

结构	环境成分	实例	实现形式
(1a) +参与者 +后缀	处所	在空气中	介词(次过程)+名词+后缀
(1b) +参与者 -后缀	对比 工具 相关 伴随 来源 原因 处所	比姐姐 用手 关于他 跟哥哥 按规定 为父母 在家	介词(次过程)+名词
(2) -参与者	方式 处所	慢慢地 明天	副词

3.2.3.2 各类环境成分描述

A. 处所

处所成分既包括时间上的表述也包括空间上的表述,而且其语义既可以是静态的也可以是动态的。这两种维度的划分交织在一起就构成了表 3.3 所示的处所成分划分方法。

表 3.3 处所成分的划分

	静态	动态
时间	在……	从、到、等到……
空间	在……	从、到、上、下、向、往……

汉语时间的静态表述中,介词"在"并不一定出现,例如:

(17) a. 明天去图书馆。

但是在表述具体的年份、月份和日期时,可以使用介词"在":

b. 我在 1974 年出生。

在动态的时间表述中,也可以使用介词"在",指向时间变化的起点或者终点:

c. 展览从下星期一开始。

汉语中空间的静态表述都由介词"在"来实现,比如:

(18) 他在办公室睡觉。

当空间出现动态变化特征时,必须使用介词:

(19) 他从北京回来。

B. 对比

同对比语义有关的环境成分可以分为相同和不同两类。其中的相同部分有相同和相近两种表达模式。前者清楚地表明两个事物之间的对等关系,句式为"A 跟 B 一样+形容词",后者则表达两者的一种趋同关系,句式为"A 有 B+形容词"(Chao,1968)。下面两个例句就是其表达实例:

(20) a. 她跟姐姐一样高。

b. 她有姐姐高。

对比成分的不同部分一般是由介词"比"和"比较"来引导的。实例如下:

(21) 外面比房间里热。

对比成分的否定形式由"不"和"没(有)"引导,放在上述固定句式之前,例如:

(22) a. 她不跟姐姐一样高。
    b. 她没有姐姐高。

C. 工具

顾名思义,工具成分指行为过程中使用的工具,由"用"和"拿"来引导:

(23) 他用筷子吃饭。

D. 原因

同原因成分密切相关的是"为(了)"和"因为"这两个介词,例如:

(24) 为了长远考虑,他决定回国发展。

E. 伴随

表达跟随状态也是环境成分的一个重要功能,主要与"跟""同""和"这三个介词有关,如:

(25) 她跟哥哥去法国。

F. 方式

过程方式的表达主要同状态助词"地"有关。汉语中的方式成分没有英语中使用得那么广泛,主要由副词来充当,例如:

(26) 他慢慢地走开了。

G. 相关

介词"对""对于"和"关于"常被用来引导相关物,如下例所示:

(27) 关于期末考试,时间还没定。

H. 来源

来源成分涉及的介词主要包括"按""按照"和"依照",例如:

(28) 按照规定,我们只能这样做。

Halliday(1994:150)曾经提到:"参与者成分和环境成分的区别在不同的语言中是相对的,有的语言中这种区分非常明显,另外一些语言中则比较模糊。"这种区分在汉语中就比较模糊,这主要是因为汉语中的介词和动词有很多的相似性。汉语中环境成分在小句中的位置也非常值得注意。不同于英语中环境成分可以出现在主过程之前或者之后的情况,汉语的环境成分只能放在主过程之前。唯一例外就是由"得"引导的方式成分,比如"天气热得很"。

3.2.4　及物性系统的实现方式

前面的各节已经从纵向聚合的角度对汉语中的及物性体系进行了完整的描述。接下来需要梳理的是这些纵向的选择在横向组合角度如何得到实现。考虑到本章的目的仅限于为语法隐喻研究提供分析框架,因此不再进行细致的讨论。相关描述以各过程类型中涉及的参与者和环境成分为重点,以图表的形式加以呈现。为了方便识别,在功能成分之下列出了其语法实现形式。

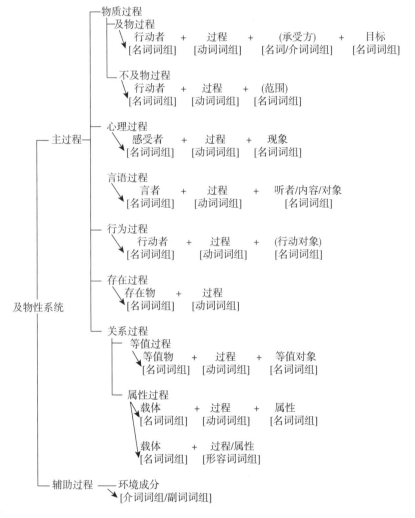

图 3.2　汉语及物性系统及其实现方式

图 3.2 简要概括了汉语的及物性系统,其中包括纵向聚合视角下该系统的所有选择,也列出了横向组合视角下各种选择的实现方式。对于汉语中庞大的及物性系统而言,图 3.2 当然显得过于简略。但是就本书的语法隐喻研究而言,图 3.2 的内容已经足够支撑相关分析。另外,图 3.2 为未来汉语研究留下了很多可供讨论的空间,值得进一步完善和扩充。

3.3 汉语小句的谋篇功能分析

就所谓的谋篇功能而言,功能语言学关注的焦点在于信息以何种形式组织在一起,才能有效地传播。正如 Halliday(1994:37)所言,"所有的语言都具备传播信息的特征,而语言的一些特定形式使其具备传播信息的能力"。具体到小句层面,信息以何种顺序出现成为最重要的形式特征。Halliday(1994)将位于小句起点的信息定义为小句中的"主位",其余的信息称为"述位"。本节要讨论的就是汉语小句中的信息结构,重点在于汉语中主位的几个突出特征。与上一节相同,本节的讨论依然以已有的相关研究为基础,并非另起炉灶。而且,本节所回顾的汉语研究不限于系统功能语言学内部,传统的汉语句子结构研究同样受到重视,因为这些研究奠定了汉语小句信息结构分析的基础。

3.3.1 传统分析

从多个理论视角出发对汉语句子结构进行描述的研究非常多(例如 Chao,1968;朱德熙,1982;Li and Thompson,1981;Tsao,1979)。这些研究表明汉语句子结构中总会有一个被置于句首的成分,作为信息的起点,有关研究者通常将其称为"主语"或"话题"。

Chao(1968)认为汉语中完整的句子有两个成分:主语和谓语。两者之间会有一个停顿或者潜在的停顿,有时会有标注成分。主语是谈论的主要内容,而谓语则是说话人对该内容的评价。主语不一定是动作的执行者或者相关者。Chao(1968:69)还指出:"汉语句子中主语和谓语的语义更像是话题和说明,而非行动者和动作。"朱德熙(1982)则从结构、语义和表达三个方面对汉语中的主语进行了分析。他认为在结构上,汉语的主语出现在谓语之前,并由选择性停顿加以标注;就语义而言,汉语的主语可能同动词所表达的动作有多种关系,如执行者、接受方、关联方甚至是时间性等;从表达角度看,主语是说话人最感兴趣的内容,而谓语则对这个话题进行描述。

Chao(1968)和朱德熙(1982)对汉语中主语的描述主要还是从结构

入手,强调的是其位置特征。从这一点上看,他们所讨论的主语同系统功能语言学中的主位是同样的概念。两位研究者也都注意到,汉语可以将整个句子作为另一个句子的谓语成分。这种现象在传统的汉语研究中被称为"主谓谓语句"。此时,一个汉语的句子其实拥有两个主语,一个是整句的主语,另一个则是谓语部分的主语,如:

(29)这个人　　　心眼　　　　好。
　　　大主语　　　谓语
　　　　　　　　　小主语　　　谓语

不同于 Chao(1968)和朱德熙(1982)一体化的处理方式,其他描述体系将汉语中的主语和话题功能分开来进行讨论。Li and Thompson (1981)就认为主语和话题在语义上是两个概念。他们注意到汉语的"话题＋评论"特征使其在类型学上不同于其他很多语言。其中的话题表明句子和什么信息有关,同时创设一个空间、时间或者个体上的框架来为谓语成分限定范围。除了语义特征,汉语中的话题还有两个形式特征:首先,话题总是出现在句首位置;其次,话题和句子的其他部分之间有一个停顿作为分割。Li and Thompson(1981)所讨论的话题同系统功能语言学中的"主位"也有一定的相似性。Li and Thompson(1981)将汉语中的主语定义为和句子的谓语有"发生"或"存在"关系的名词词组。他们强调每一个动词需要一个特定类型的名词词组作为其主语。从这个意义上看,他们的主语同系统功能语言学中的参与者是同样的概念。

考虑到话题和主语同句子其他部分的关系并不相同,它们应该视作独立的成分。Li and Thompson(1981)认为话题和主语的出现形式有四种可能性:1)两者各自独立出现;2)两者相互重合;3)只有话题没有主语;4)话题和主语都不出现。而且,他们还给出了实例(Li and Thompson, 1981:88—90):

(30)＋话题,＋主语
　　　那只狗我已经看过了。
(31)话题＝主语
　　　我喜欢吃苹果。
(32)＋话题,－主语
　　　那本书出版了。
(33)－话题,－主语
　　　(你见过李四吗?)没见过。

同 Li and Thompson（1981）的思路相类似，Tsao（1979）也认为话题和主语是不同的概念。但是他将话题和主语看作是不同层次的语法单位：主语是句子层面的语法单位，同句子的主动词关系密切；而话题则是语篇单位，其影响力往往辐射到几个句子。

3.3.2 系统功能分析

在系统功能语言学领域，对汉语句子结构的研究主要是由 Fang, McDonald and Cheng（1995）完成的。他们将汉语小句中信息传达的结构特征总结如下：

1) 从结构上看，汉语小句分为两个部分：第一部分是信息的开端，第二部分是信息的延续。
2) 小句的两个部分有不同的信息地位：第一个部分是已知的和确定的，第二个部分则是未知的和不确定的信息。
3) 第一部分的内容在构建语篇结构方面有重要作用。

Fang, McDonald and Cheng（1995）最重要的发现在于汉语主位结构中的成分不一定完全和及物性体系的成分相重合，有些主位结构中的成分在及物性体系中可能完全不会发生作用。比如下面例子中的"大象"就没有任何表意功能（McDonald，1992：439）：

(34) 大象鼻子很长。

这一发现的重要性体现在两个方面。首先它解决了一直困扰语言学家的主语和话题之间内在关系的问题。传统语言学家一直将这两个成分放在同一个维度里进行讨论，事实上它们是属于不同维度的语法成分，即功能语言学中的表意维度和谋篇维度。具体而言，主语和话题分别是功能语言学体系里的起表意作用的"行动者"和起谋篇作用的"主位"。其次，Fang, McDonald and Cheng（1995）的研究为汉语中划分小句界限提供了依据。他们认为汉语中的小句是主位结构和及物性结构的复合体，所以在确定小句的边界时，需要把两个结构都考虑在内，这样才可以得到完整的小句结构。

除了上面两点，这组研究者还将主位、述位的划分提升到复句层面。他们认为汉语中的复句从大结构上看也可以划分为主位和述位，如：

(35) 如果你病了，我们可以休息。
　　　主位　　　述位

同时他们也发现,复句中的很多小句其实可以共享同一个成分作为它们共同的主位。例如:

(36) 他(共享主位)取出校园卡,塞进衣兜,离开办公室。

3.3.3 特殊的汉语小句主位

Fang,McDonald and Cheng(1995)的研究已经为本章的讨论提供了很好的基础,但是也有一些问题是他们没有谈到的,有必要加以澄清,其中最核心的就是汉语小句中的一些特殊主位。

3.3.3.1 标记和非标记主位

Halliday(1994)依据英语小句在语气系统中主语和限定语的位置变化,提出该语言中有标记式和非标记式主位的区分。Fang,McDonald and Cheng(1995)认为汉语中没有主语和限定语的位置变化问题,因而没有标记式和非标记式主位的区分。本研究认为这种区分是存在的,只是其划分标准和英语有所不同。主位与主语完全重合是汉语小句最常见的一种表达形式,也就是其非标记式主位出现的情况。当主位和主语的出现发生偏离时,就会出现标记式主位。下面这个例句的主位就是一个典型的标记式主位:

(37) 在优美的夜色中,我踏着软软的沙滩。
　　　(标记式)主位　　述位

3.3.3.2 多重主位

在正常的主位之前,汉语的小句中还会出现一些成分,表达特定的谋篇或者人际功能。它们可以分别命名为谋篇主位和人际主位,而原有的主位称为话题主位。这样一来,汉语小句中就会出现多重主位,各司其职。在例(38)中,就出现了这种情况:

(38) 但是(谋篇主位),不幸的是(人际主位),他(话题主位)病了。

3.3.3.3 疑问句主位

汉语疑问句的主位也非常有特点,具体特征可以结合汉语疑问句的划分加以描述。汉语疑问句的第一类是包含疑问词的疑问句。汉语中的疑问词涉及的语义非常广泛,但是其位置不会像英语一样出现在句首。例如下面例句中的"谁"就可以被任何具有人称含义的词语代替,位置没有任何不同。这种情况下,主位的判断标准同陈述句是完全一致的。例(39)中的主位和其陈述句形式相同,都是"老师":

(39) 老师是谁?

第二类汉语疑问句为"A 不 A"问句。这种表达由一个陈述部分加上一个"A 不 A"结构构成,比如"对不对、好不好、是不是"。这类问句中主位的位置也是容易确定的,同陈述句没有太大的差别,如例(40)所示:

(40) 他(主位)是不是老师?

最后一类疑问句是助词问句,标志是出现在句尾的疑问助词,比如:

(41) 你不冷吗?

如该例所示,这类疑问句中的主位确定和陈述句也没有太大的差别。

通过对三类汉语疑问句的分析,我们会发现汉语中疑问句主位的确定相对于英语要简单得多。换言之,汉语疑问句的主位划分可以按照陈述句的方式进行。但是这种差异也诱发我们去思考一个问题。从谋篇角度看,英语中的疑问词始终占据句首主位的位置,因而在信息传达上占据了核心位置。汉语中的疑问词不一定要出现在句首主位的位置,因此常常不担任信息传达的核心节点。这种差异必然导致汉英两种语言的语篇结构表现出不同的信息建构模式。受篇幅所限,本书不会就这一问题展开讨论,但是在英汉语篇对比分析中,这一课题非常值得深入探讨。

3.3.3.4 结构式主位

在汉语主位分析中,有一类主位特别值得注意,也就是结构式主位。按照 Halliday and McDonald (2004:323) 的观点,结构式主位专指"通过结构手段将小句中的一部分独立出来作为主位"。结构式主位对汉语语法隐喻的研究有特殊的价值,很多汉语中的语法隐喻,说到底就是结构式主位。Halliday and McDonald (2004:323-324) 定义了两种实现结构式主位的方法,即"将动词词组名词化或者将汉语动词词组的成分合并添加结构助词'的'"。这两种方法从本质上讲,都是实现语法隐喻的方式,所以语法隐喻是汉语中结构式主位出现的基础。结构式主位通常由关系动词"是"同述位相连接,形成一个等值的关系过程,如例(42)所示:

(42) 最重要的是速度的改变。

3.3.4 主位系统及其实现形式

前面各节对汉语主位系统的描述表明其主要结构就是"主位+述位"。该体系中也包含不同类型主位结构的特点。图 3.3 对汉语主位系统的选择及其实现方式进行了总结。

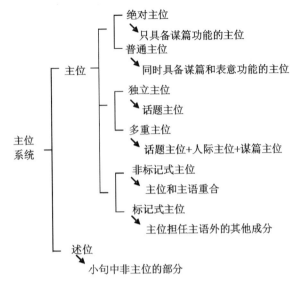

图 3.3　汉语主位系统及其实现方式

3.4　汉语小句的人际功能分析

语言交流的一个主要目的就是建立人与人之间的人际关系。本节讨论人际交流如何在汉语中的词汇语法体系中得以实现。具体的分析集中在汉语的语气和情态系统，因为语法隐喻的实现主要同这两个体系有关。在接下来的讨论中，首先描述汉语人际表达体系中的主要成分，为语气和情态系统的讨论提供基础。需要说明的是，下列主要成分的术语（如主语、状语）是在系统功能语言学体系内提出的，其含义和传统术语不完全相同。

3.4.1　人际系统的主要成分

A. 主语

Halliday（2003：205）认为英语中的主语有两大功能："承担一个命题，同时扮演区分语气类型的角色。"对于汉语中的主语，Halliday（2003：205）解释为："汉语中的特定名词词组实现了第一个功能，但是没有承担第二个功能，也就是没有去区分陈述句和疑问句。"Halliday（2003）的解释表明汉语中的主语在语气系统中没有发挥作用。这主要是因为汉语中的陈述句和疑问句拥有相同的信息结构，这一点在上一节已经有了详细的说明。

B. 限定语

汉语中是否存在限定语一直是前人研究讨论的焦点（例如 McDonald，1992；Halliday and McDonald，2004）。本书认为在汉语的人际体系中是存在限定语这一成分的。我们知道，英语中的限定语指的是起限定命题作用的成分。具体而言，限定语成分主要用来提供时间信息和做出讲话人的主观判断，此外，它还担负着做出是非判断的功能。英语的限定语成分通常都是一个具有时间或者情态含义的动词词组，兼具是非含义。汉语中同样有表达情态和是非含义的动词词组，只是缺乏时态表达功能。这主要是因为汉语缺乏一个完备的时态表达体系。从这一点上看，汉语中是有限定语成分的，只是其扮演的功能与英语中的同样成分不尽相同。

C. 谓语

除限定成分之外，汉语动词词组的其他部分都是谓语成分。谓语通常包括一个主动词和一个辅助动词，前者表达主要过程，后者表达过程的阶段或程度。汉语中的谓语成分亦可以由形容词词组来实现。值得注意的是，谓语成分还可以在构成疑问句时起作用。这一点在语气系统的描述中还会提到。

D. 补语

汉语小句中还有可能包含一到两个补语成分，通常针对事件过程的目标和影响进行进一步说明。从功能角度看，补语通常都是指有潜力成为主语，但因为特定原因没有被选中的成分。只有一种过程类型是不需要补语的，就是前文反复提到的以形容词为谓语的归属类型关系过程。

E. 状语

状语通常由副词词组或者介词词组实现，包含三个大的类型：环境类型、连接类型和情态类型。在本研究中，情态状语特别重要，因为它们常用来构成隐喻式表达。情态状语最主要的表现形式就是副词词组。

F. 语气词

汉语在句尾的位置使用一系列的助词来实现不同的功能。在这些功能中，一个比较重要的就是标注句子的语气。传统的汉语研究干脆就将这类助词称为"语气助词"，并认为其作用就在于将表达置于特定的语境中（Li and Thompson，1981）。最常用的语气助词共有四个，即"吗、呢、吧、啊"。"吗"用来标注疑问句，"呢"既可以标注陈述句又可以标注疑问句，"吧"和"啊"则同疑问句和祈使句的表达有关。

上述所有的人际表达成分在下面的例句中都能够找到：

(43) 你   能   在机场   接   我   吗?
    主语 限定语 状语   谓语 补语 语气词

正如前面已经提及的,汉语的主语和限定语的位置变化并没有任何的语气表达功能,这一点和英语有很大的不同。汉语借助另外一套系统来实现语气的表达,这就是下一节要讨论的内容。

3.4.2 汉语语气系统

3.4.2.1 语气系统存在与否

汉语中是否存在语气系统是一个长期争论的问题。以 Fang, McDonald and Cheng(1995)为代表的一派学者认为汉语中不存在语气系统,而以 Halliday(2003)为代表的一派学者则认为汉语语气系统是存在的。Halliday(2003:205)认为:"语气系统主要是为了实现信息和物品及服务的交流,以形成双方讨论的基础。"根据这个定义,汉语中当然是有语气系统的,不能因为汉语语气系统的表现形式不同于英语就否定其存在。

3.4.2.2 不同语气的实现方式

汉语中一共有三类语气:陈述、疑问和祈使,主要通过不同的语法结构和语气助词来实现。下面我们对三个语气类型的实现方式逐一进行描述。

A. 陈述

陈述语气是汉语语气系统中的非标记形态,相关成分排列顺序为:主语+限定语+状语+谓语+补语。在特定语境下,上述成分中的任何一个都可以省略。语气助词"呢"偶尔会在陈述语气中出现。陈述语气的一个从属类别是感叹语气,通常由程度副词"多""太"和"真"来标记,相关的语气词是"啊"。下面是 Halliday and McDonald(2004:332)提供的实例:

(44) 衣服   真   漂亮   啊!
    主语 状语   谓语   语气词

B. 疑问

在 3.3.3.3 节中,我们已经对三种类型的汉语疑问句进行了介绍,即疑问词问句、"A 不 A"问句和助词问句。这三类划分其实也说明了汉语疑问语气的实现形式。第一类疑问句中的疑问词通常是名词或副词,出现在主语、补语和状语的位置。第二类"A 不 A"结构出现在限定语和谓语的位置。如果 A 位置是主动词,疑问语气就由谓语来实现;如果 A 位置是限定词,疑问语气就由限定语来实现。例子(45a)和(45b)说明了两种实现方式:

(45) a. 主语　　　谓语　　　　b. 主语　　　限定语　　　谓语
　　　你　　　去不去?　　　　你　　　　能不能　　　去?

当然疑问语气也可以通过在句末加入语气词的方式来实现。在不改变各成分位置的情况下,只是加入语气词就可以实现语气的改变。

C. 祈使

祈使语气的默认实现方式是人称代词形式的主语加谓语。人称代词是第一人称"我""我们"和第二人称"你""你们"。谓语之前有时会加入表达动作方式的状语。

3.4.3　汉语情态系统

在汉语语言学研究中,情态系统一直是一个被热议的课题。关于这个课题的书籍和文章很多（例如王力,1956；Chao,1968；吕叔湘,1982）,但是很少有研究是从系统功能语言学角度入手来开展的。传统研究一般都专注于情态动词的使用,其他的情态实现形式如副词、动词和情态助词很少谈及。到目前为止,最完备的以系统功能语言学为框架的汉语情态研究是 Zhu（1996）,其中的很多研究发现在本研究中都得到继承。考虑到情态动词是汉语情态系统的主要实现方式,Zhu（1996）的讨论还是从情态动词入手的。

3.4.3.1　已有研究

英语中存在着情态动词和非情态动词的区分,汉语中这种区分并不严格。在传统汉语研究中,情态动词、助动词和能愿动词的含义往往是一致的,没有本质的区别。Zhu（1996：186）提出这些情态动词和助动词可以从三个方面加以区分:

1. 不同于主动词,它们可以和体助词"着"和"了"搭配使用。
2. 不同于主动词,它们不能独立出现在祈使句中。
3. 不同于主动词,除了缩略形式,它们不能构成独立的谓语成分。

Zhu（1996）以 Wang（1959）,Chao（1968）和吕叔湘（1982）的研究为基础,提出了一个新的情态动词的划分标准,如图 3.4 所示：

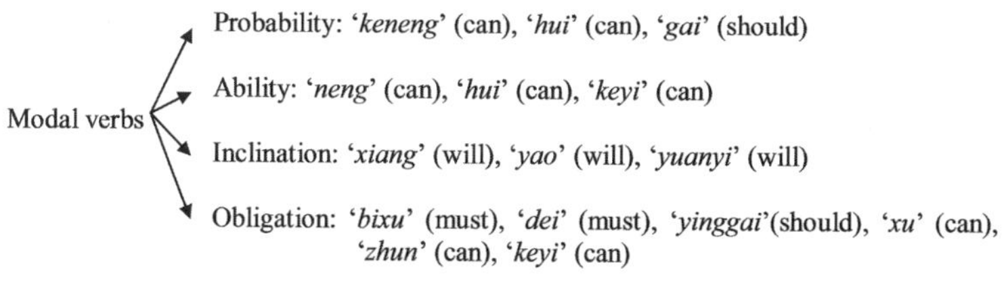

Modal verbs
- Probability: '*keneng*' (can), '*hui*' (can), '*gai*' (should)
- Ability: '*neng*' (can), '*hui*' (can), '*keyi*' (can)
- Inclination: '*xiang*' (will), '*yao*' (will), '*yuanyi*' (will)
- Obligation: '*bixu*' (must), '*dei*' (must), '*yinggai*'(should), '*xu*' (can), '*zhun*' (can), '*keyi*' (can)

图 3.4　汉语情态动词分类（Zhu,1996：189）

本书借鉴了 Zhu（1996）的研究，但是在具体的划分标准上依据 Halliday(1994)的思路进行了调整，其中最大的改变是对 Zhu（1996）中表达能力(ability)语义的情态动词重新进行了归类。除此之外，汉语中的情态语义也可以由其他词类表达，比如副词、语气词甚至主动词。因此，接下来的讨论并不仅限于情态动词。本书 2.2.2 节介绍了 Halliday(1994)对情态语义的划分模式，其中提到，情态用于信息交换时表达命题(proposition)语义，分为可能性(probability)表达和规律性(usuality)表达。情态用于物品或者服务的交换时，表达的就是提议(proposal)。提议可能是表达说话人自身意愿的倾向性(inclination)语义，也可能是表达别人强加意愿的强制性(obligation)语义。依据这个划分方法，本书将汉语中的情态表达分为两个大类和四个小类。

3.4.3.2 命题语义

表达命题语义的情态包括可能性和规律性两种类型。下面首先对汉语中的这两种情态表达进行描述。

A. 可能性

汉语在表达可能性时，会涉及情态动词和其他词类，或者两者的结合体。能够表达可能性的情态动词包括"可能""会"和"该"。"可能"和"会"是程度较低的可能性表述，而"该"则表达程度较高的可能性。可以表达可能性的副词有四个，即"应该""肯定""必定"和"准"，全部用于程度较高的可能性表达。在某些情况下，副词和情态动词可以放在一起使用，比如"准该""一定会"。除了情态动词、副词之外，一些主动词比如"相信""估计""看"和"想"也会参与可能性的表达。它们可以和情态动词或者副词连用，表达高等级的可能性。语气词偶尔也会被用来表达可能性，比如：

(46) 他们到机场了吧？

由此不难看出，汉语中对于可能性的表述有着非常丰富的选择。情态动词、副词、主动词甚至是语气词都可以表达情态系统的可能性语义。这一方面和可能性语义的高频出现有关(详见第七章)，另一方面，这也和汉语固有的语言类型学特点有关，其中最为关键的还是汉语动词的结构特征和边界范围。

B. 规律性

Zhu（1996）认为规律性表述不是汉语情态体系的一部分。本研究的观点有所不同，认为汉语的情态体系包含了规律性表达，但不是以情态动词来实现。汉语中的规律性语义可以由副词来表达，比如"一直""经常"和

"有时"。本研究的根本目的不在于完整地描述汉语中的情态体系,但是这些实例足以表明规律性语义是该体系重要的一部分。同时我们也应该看到,如果仅仅关注汉语中的情态动词,它们确实没有用于规律性语义的表达。从这一点看,汉语中情态动词的适用范围并没有覆盖整个情态系统,其背后复杂的原因值得探索。

3.4.3.3 提议语义

Zhu(1996)认为提议语义包含三项内容:意愿、强迫和能力。本研究认为提议语义只包括意愿和强迫两个部分,能力不应包含在内。Halliday(1994:359)明确指出"能力处在情态系统的边缘地带",英语中的 can 不应该被简单地看作是情态动词。汉语表达能力语义的方式与英语中的 can 相似,具有多义性和不确定性。考虑到这种复杂的情况,本研究没有将汉语的能力表述纳入汉语情态体系中。因此,这里只需要描述带有倾向性和强制性语义的情态表达。

A. 倾向性

倾向性可以由情态动词和副词来表达,其中的情态动词有四个:"要""想""愿意"和"肯",而副词有三个,分别是"一定""偏"和"非"。在很多情况下,表达意愿的情态动词和副词还可以组合在一起,同样表达意愿语义,比如"一定要"和"偏想"。

B. 强制性

强制性表述可以区分为高、中、低三个等级,基本由情态动词来实现。其中的高等级强制性由"要""必须"和"得"三个情态动词来表达,等同于英语中的 must。中等级的情态动词有"应该""应当"和"该",和英语中的 should 语义相当。而低等级的强制性则由"可以""须"和"准"来实现,可以翻译为英语中的 may。强制性语义偶尔也可以由主动词来表达,"要求""强迫"和"让"都可以实现这一功能。

3.4.4　汉语中的主观与客观情态

前面我们谈到的情态实现方式都是由小句中的固有成分来实现的。事实上,情态语义还可以通过独立的小句来做主观性或者客观性的表达,而这种形式的表述是人际隐喻构成的重要基础,值得特别讨论。说话的人可以明确指出谈到的是自己的主观判断,也可以置身事外,将其表达为客观描述,如:

(47) 客观:有可能他生病了。
　　　主观:我猜他生病了。

在例(47)中我们可以看到,主观表达通常都是由"我"加动词的形式来实现的,而客观的表达大多是由"有"来引导的关系过程。除此之外,"是……的"结构也常常被用来进行客观性情态表达。在第四章关于人际隐喻的分析中,我们还会对这个问题进行详细的讨论。

3.4.5 语气和情态系统的实现方式

汉语有多种多样的词汇语法手段来呈现人际功能。本节将这些表达手段约束在语气和情态两大系统之内,重点呈现它们的纵向聚合关系。比如在语气系统中,祈使、陈述和疑问是可替代的三项选择,交流双方在实现人际互动的过程中一直在三项选择之间进行转换。再深入一层,进行疑问表达时,语言使用者依然面对多种选择,可以使用包括疑问词、"A 不 A"结构和语气词在内的多种手段。简而言之,语言使用者在语气和情态体系中不断进行选择,逐步实现自己的表达意图。但是我们也应该注意到,在纵向聚合维度做出的选择需要在横向组合维度来实现。因此,对语气和情态体系中的每种选择如何通过具体成分来实现,本节都进行了清楚的说明。下图呈现的是对两个系统及其实现方式的总结性描述。

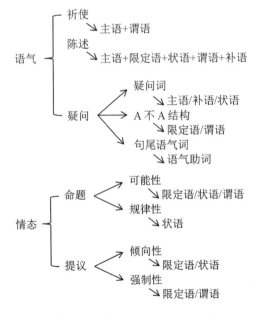

图 3.5 语气和情态系统及其实现方式

3.5 其他语法单位的分析

本章的前半部分分别从表意、谋篇和人际三大元功能的角度对汉语的小句进行了分析。汉语中还存在着比小句更大或者更小的语法单位,它们对于汉语语法隐喻的分析同样重要,需要建立一个针对性的分析框架。这里首先需要讨论,小句以何种方式结合在一起以建构小句复合体。

3.5.1 汉语中的小句复合体

Halliday(1994)认为小句依赖两类关系组合在一起:1)结构上的并列或从属关系;2)逻辑上的扩充和投射关系。第一种关系表明小句之间的依存度,并列意味着小句之间依存度较低,从属则表明小句之间依存度较高。具有并列关系的小句通常用阿拉伯数字(1、2、3)来标注,而从属关系的小句以希腊字母(α、β、γ)来代替。第二种关系揭示的是小句之间在语义上的联系,主要涉及扩充和投射两个核心语义范畴。扩充和投射作为大的语义范畴都可以进一步细化,用于精确描述小句之间的关系。对于小句之间的语义联系,本书 4.3 节有更为详细的论述,这里只做简单罗列。大量关于汉语小句复合体的研究表明这两类关系在汉语中广泛适用(Ouyang,1986;Fang,McDonald and Cheng,1995;Halliday and Matthiessen,1999),概括起来如下所示:

A. 结构关系

Ⅰ. 并列:1(主句)2(从句)

Ⅱ. 从属:α(主句)β(从句)

B. 逻辑关系

Ⅰ. 扩充

阐述 =(主句等于从句)

拓展 +(从句扩张主句)

加强 ×(从句加强主句)

Ⅱ. 投射

直接引用(主句直接引用从句)

间接引用(主句间接引用从句)

各种结构关系和逻辑关系相互交叉,可以形成一个非常复杂的体系,基本囊括了小句之间所有可能的组合方式。但是值得注意的是,这些组合是语言中可能出现的小句组合方式的最大公约数。换言之,并非所有的组合方式在汉语中都会出现。比如"从属"结构关系和"阐述"逻辑关系的组合在汉语中就是不存在的。在英语中,这一组合关系得以存在的前提是该语言中关系代词和关系副词的存在。汉语中没有对应的词类,相应的组合关系也就成为了一个空项。对比例(48)中的句子,就可以把这种差异看得很清楚:

(48) He ran away, which surprised everyone.
他跑开了,每个人都感到惊讶。

例(48)说明英语中的从属关系在汉语对应句中是得不到体现的,这主要是因为汉语中没有 which 这样的关系代词。除了这项空缺,其他的结构和逻辑关系在汉语中都是存在的,虽然和英语的表现形式有细微的差异。例(49)包含了上述多种关系:

(49) 　1　　　　他想看会儿书。
　　 +2β　　　 因为太累,
　　 2×α　　　看不进去。
　　 +3　　　　这时电话响了。

3.5.2　汉语中的关联词和关系副词

在各种结构关系和逻辑关系的表达中,关联词和关系副词起到了决定性的作用。Tsao(1990:347)参考了大量的研究(例如王力,1956;Chao,1968;Chu,1983;Li and Thompson,1981),将汉语中的关联词和关系副词分为四个大的类型:

类别	实例
1.连接词	而且;所以
2.连接副词	不但;因为
3.关联副词	还;却
4.重叠关联词	越……越

根据 Tsao(1990)的观察,第 1 类词语只是出现在第二个小句的句首,而第 3 类词语从来不在句首出现。第 2 类词语的位置就要灵活得多,第 4 类词语的特点则是反复出现。

为了方便后续的分析,本书按照结构关系和逻辑关系的归属对汉语中的关联词和关系副词重新进行了划分。就结构关系而言,并列和从属关系都有所涉及,而在逻辑关系上,只需要讨论扩充语义中的"拓展"和"加强"两种类型。原因在于,汉语中的投射语义以及扩充语义中"阐述"类型的表达极少用到关联词和关联副词。具体情况如表 3.4 所示：

表 3.4 汉语关联词及关系副词分类

	并列	从属
拓展	而且、并且 或、或者 不但……而且…… 也 同时 但、但是、可是	此外、另外 而 却 还
加强	就、才 于是 然后 从而 越……越……	如果 因为 只要 虽然 为 当 如果……就…… 只要……就…… ……之前 ……之后

3.5.3 汉语中的词组

Halliday and McDonald（2004）将汉语中小句以下的语法单位划分为四种：动词词组、名词词组、副词词组和介词词组。其中，名词词组和动词词组的语法特征对汉语语法隐喻的识别和分类至关重要，因此，接下来的讨论以名词词组和动词词组为重点，副词词组和介词词组只做简单说明，细节不再展开。

3.5.3.1 名词词组

汉语中的名词词组通常包括一个事物作为核心成分，以及对该核心成分进行修饰的一系列其他成分，其中包括：指示词、数词、量词、性质词和类别词。汉语中的指示词可以分为泛指和特指两个类型，其范围比英语中的对应成分要小。比如，汉语中就没有和 the 以及 either 或者 neither 语义相同的词语。汉语中的数词也分为两类，即数量词和序列词。汉语数词最大的特点是必须和量词同时使用，这就使得汉语中的量词成为一个非常独特的语法特征。同时量词的选择主要由其修饰的名词来决定，不同名词选用不同的量词,比如,名词"书"一般都搭配量词"本"和"套"。

顾名思义,汉语中的性质词主要用来描述事物的性质,可以是形容词、名词、名词词组甚至是嵌入式小句。通常它们都通过助词"的"与被修饰的事物连接在一起。其最大的结构特征就是必须放置在事物之前,这一点与英语中情况完全不同。比如,英语中的 something special 这类修饰成分在被修饰成分之后的表述,在汉语中是不可能出现的。类别词的功能相对简单,只是划分出被修饰事物的类别。就词类而言,类别词可以是名词也可以是形容词。同性质词相类似,类别词也只能出现在被修饰成分之前。性质词和类别词有很大的重合部分,但是前者可以由程度副词进一步修饰,后者则不具备这一使用特征。比如,"好人"中的"好"是类别词,但是到了"更好的人"里,"好"就只能是性质词。总的来说,汉语名词词组中修饰成分前置的特点是汉语在语言类型学上最突出的特征之一,对汉语语法隐喻的表现形式有极大的影响。

3.5.3.2 动词词组

Halliday and McDonald(2004)提出汉语中的动词词组以主干动词为核心,向前后两个方向扩展。主干动词之前的成分主要表达是非和情态,而主干动词后面的成分主要用来说明时和体的变化。换言之,汉语中动词词组既有人际功能也有表意功能。本研究参考了 Halliday and McDonald(2004)的分析,认为汉语动词词组在语义上由三个部分组成,即辅助、事件和拓展。辅助的功能主要由表达是非、情态和时态的各类助词来体现,事件由主干动词来实现,而拓展语义主要由体助词("着、了、过")、展现事件结果的动词(如"成、到")和形容词(如"净、清")来表达。依据三种成分的组合关系,本研究将汉语动词词组划分为三个大类,即简单词组、合成词组和复杂词组。具体的划分方法如表 3.5 所示:

表 3.5 汉语动词词组的划分

动词词组类型	功能成分
简单词组	辅助+事件;事件
合成词组	辅助+事件+拓展;事件+拓展
复杂词组	辅助+事件+事件;事件+事件

表 3.5 说明,辅助成分在三类动词词组中都是可选项。不同类型动词词组的关键性差别是事件表达的范围。如果是单事件表达,就是简单词组,比如"去"和"能去"。如果需要说明事件的拓展效果,就是合成词组,比

如"擦干"和"没吃完"。如果是两个有逻辑关系的事件组合在一起,就形成了复杂词组,比如"分析说"和"进去看"。相对于英语,汉语中表述事件发生的动词词组在结构上显然要复杂得多。这种复杂性给汉语语法隐喻带来了多个方面的影响,也决定了汉英两种语言在语法隐喻上的诸多不同之处。第五章和第八章会对此进行详细的论述。

3.5.3.3 副词词组

副词词组和下一节要讨论的介词词组有相似之处,两者都用于环境成分的表达。但是两者在结构上有明显差异,副词词组的结构更加简单,而介词词组中已经包含了一个名词词组。Halliday and McDonald (2004) 认为汉语中有两类副词词组:1)以副词为核心,有时会带有表示程度的修饰语;2)以形容词为核心,有时会使用重叠词,同时以助词"地"来结尾。其中的第一类又可以依据所修饰语法单位的级阶进一步划分为两种,即小句型和动词型。所谓的小句型修饰整个小句,主要实现人际功能、谋篇功能和表意功能中的"处所"语义;而动词型主要作为主动词的修饰语出现,表达的主要是表意功能中的"时间"和情态。在谋篇维度,小句型和动词性副词词组的贡献大不相同,只有前者能出现在小句的"主位",后者是无法实现这一功能的。汉语中第二类副词词组都是以形容词为中心搭建的。由于汉语缺乏形态变化,同源副词和形容词的形式并无差别,只是靠词尾的"地"和"的"来加以区分。比如,"慢慢地"和"慢慢的"就分别属于副词词组和形容词词组。汉语中这类副词词组的使用范围更是受限,只能用于表意功能中"方式"语义的表达。

3.5.3.4 介词词组

汉语中的介词远没有英语中的介词那么强势。首先,许多汉语介词和主动词同源,在形式上没有明显差别,英语介词的独立性明显更强。其次,汉语介词在表意功能上没有英语介词那么细腻,许多时候需要名词词组中的辅助成分加以说明,比如"在房间里"这样的方位表述是靠介词"在"和方位词"里"合作完成的。正是因为汉语介词的上述特点,介词词组的结构比较多样化。考虑到名词词组中是否有方位词,介词词组可以大体划分为两种类型:1)介词+名词+方位词;2)介词+名词。前者的表意范围较窄,主要用于描写处所,比如"在家里""在课堂上"。后者可以表达的语义非常丰富,包括对比、工具、相关、伴随、来源、原因和处所,比如"和姐姐""在北京"。关于这一点,本章的3.2节已经有了充分的讨论,这里不再赘述。需要特别说明的是,由于汉语中的介词和动词的关系密切,两者之间很容易实现转换。这一点对于语法隐喻的分析非常重要,在第五章会进行详细说明。

3.6 总结

本章最重要的工作在于建立了一个完备的汉语系统功能分析框架,为下一步语法隐喻的识别和分析打下坚实的基础。建立这一框架的主要困难在于所有的已知功能成分都是以英语语言事实为基础确立的,这就要求在建立汉语系统功能分析框架时不能盲目照搬已有的成分,必须以汉语语言事实为基础进行再分析。为此,本章的分析坚持"自上而下"的原则,即任何功能单位的确定都由语义分析开始,进而在语法层中寻找对应的功能单位。最终建立起来的分析框架以语言的三大元功能为主干,兼顾了小句复合体和各类词组的分析。

虽然本章的篇幅不小,但是以一章之力来呈现汉语的系统功能分析框架依然是一个艰难的任务。太多的问题需要梳理,太多的细节需要讨论。为了防止体量过于庞大,本章在内容取舍上采取了两种做法。首先是突出重点,把主要精力放在和语法隐喻研究有密切关联的内容上,其他关联不紧密的内容虽有所触及,但是不做深入探讨,留待未来进行深入挖掘。其次是关注争议,认真看待前人研究中争论较为激烈的课题。只要是前人研究中已经形成明确共识的内容,本章都只是做了简单的介绍,主要的笔墨都用在对分歧点的讨论,并明确提出自己的结论,为下一步分析打下坚实的基础。

第四章 汉语语法隐喻的识别

由于缺乏可靠的汉语系统功能语法分析框架,第三章花费大量的篇幅从不同角度和层面对汉语的系统功能分析进行了讨论。这些工作为汉语语法隐喻现象的识别奠定了坚实的基础。以此为出发点,第四章的工作设定了两个具体目的:1)确定在汉语中识别语法隐喻现象的根本依据;2)提供在汉语中识别语法隐喻现象的操作方法。为实现这两个目的,本章首先梳理语法隐喻现象的几大主题。循着这些主题,本章描述了汉语三大元功能所对应的语义框架。该语义框架和第三章建构的语法框架相互配合,可以确定汉语中的跨语法级阶语义范畴的范围,进而清晰描述汉语中的一致式和隐喻式表达形式。本章最后部分重点讨论了三种汉语中的语法现象,它们对于汉语中语法隐喻现象的识别有着至关重要的作用。

4.1 汉语语法隐喻识别的依据

在语法隐喻研究的不同阶段,关于其本质的探索逐步深化,语法隐喻理论也得以不断完善。反思不同阶段的语法隐喻研究,不难发现语法隐喻的三大主题。这些主题是两类语法隐喻(概念隐喻和人际隐喻)存在的共同基础,也构成了识别汉语中语法隐喻现象的主要依据。

4.1.1 语法隐喻的三大主题

我们知道,语法隐喻本质探索的第一阶段将该现象和词汇隐喻相互对应,从而形成了第一个语法隐喻识别的主题,即隐喻现象在词汇和语法层面的同质分布。这一阶段的研究也确立了一个重要的语法隐喻识别方法,那就是要区分隐喻式和一致式表达。第二阶段的语法隐喻本质研究则强调语义层和语法层的相互作用,以此作为识别语法隐喻的突破点。第三阶段研究突出的重点是跨语法级阶语义范畴。该现象是语法隐喻能够出现的基础,要识别语法隐喻,首先要看跨语法级阶语义范畴是否存在。同时这一阶段的研究也强调语义扩充需求是语法隐喻出现的根本动力。我们将这三个阶段的研究加以总结,就会发现语义语法层互动、跨语法级阶语义范畴和语义扩充需求是语法隐喻现象的三大主题。

4.1.2 概念隐喻和人际隐喻的共通性

上述三大主题是概念隐喻和人际隐喻存在的共同基础。这两类语法隐喻在表现形式上有诸多区别,比如语法单位转移的方向完全相反:概念隐喻的语法单位转移是向下的,从小句复合体到小句,从小句到词组;人际隐喻的特点则是语法单位的上移,语气和情态系统都涉及以投射形式将小句升级到小句复合体。概念隐喻和人际隐喻虽然有诸多不同,但是它们都是由语义层和语法层之间的互动产生的,而且这两类语法隐喻的使用目的完全一致,都是为了满足语义扩充的需求。概念隐喻使得多种语义得以汇合和凝聚,从而提供更多的语义选择,使概念表达的范畴得到极大的扩充。人际隐喻的语义扩充效果更多地体现在口语交流中,其中的语气隐喻为谈话双方的交流创造了更大的语义空间,而情态隐喻则使表达者获得了更大的人际评价的能力。更重要的是,两种语法隐喻都是以跨语法级阶语义范畴为存在基础的。只有一种语言中出现了能够穿透多层语法单位的语义范畴,语法隐喻才有可能产生。

上述讨论说明,语法隐喻的三大主题将概念隐喻和人际隐喻有机地结合在一起。所以,本书将汉语语法隐喻定义为以跨语法级阶语义范畴为基础,以语义和语法互动为内因,以语义扩充为目的的一种语言现象。这一定义成为本书讨论汉语语法隐喻现象的核心出发点。具体到本章,语义语法层互动、跨语法级阶语义范畴和语义扩充需求这三大语法隐喻主题,也是判断该现象有无的根本依据。在三大主题中,语义层的描述都是必要的部分。考虑到前人研究中基本没有从系统功能角度对汉语语义层进行过讨论,本章专设一节对其进行描述。汉语语义层描述和上一章的语法分析框架相互配合,就可以提供识别汉语语法隐喻现象的具体操作手段。

4.2 汉语语义层描述

语法隐喻现象的讨论必须以完备的语义和语法框架为基础。如果没有汉语语义和语法框架的细致描述,就没有可能识别和分析汉语中的语法隐喻现象。更重要的是,语法隐喻理论以系统功能分析为基础,所需语义和语法概念源于系统功能语言学理论。第三章已经建立了一个完备的系统功能语言学基础上的语法框架,但是到目前为止还没有任何关于汉语语义系统的系统功能研究。所以本章必须建立一个汉语的语义描写框架,作为进一步讨论的基础。篇幅所限,这里的语义描写框架较为简略,很多细节并未展开讨论。

4.2.1 谋篇维度

从谋篇维度看,汉语中基本的语义单位是信息,其结构为"主位+述位"。在实际表达中,两个或多个信息会组合成信息段,而信息段之上的语义单位才是完整的语篇。汉语中谋篇维度的语义表达常以一个主位为核心展开,形成一连串的信息。比如:

(1) 这台电机,体积小,价格低,马力强。

该实例中"电机"就是谋篇维度语义表达的核心,其他的信息都是围绕该核心不断叠加的。换言之,汉语的谋篇语义表达突出一个共同兴趣点,并围绕该兴趣点来展开描述,进而形成更大的语义单位。

4.2.2 人际维度

在第三章我们已经提到过,汉语的基本人际语义单位是命题或者提议。当一个小句的功能是信息交换时,其语义单位就是命题。如果交换的是物品或者服务,其语义单位就是提议。命题和提议一共涉及四个大的言语功能,即声明、质疑、意愿和命令。情态系统在命题和提议的表达中也有广泛的应用。如涉及的是命题,相关的表达就是可能性和规律性,如果是提议就要考虑倾向性和强制性。不同的命题或者提议可以合成为更大的语义单位,即交流模块,如例(2)所示:

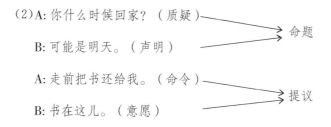

例(2)表明这个交流模块由命题和提议合成,同时涉及四项言语功能,即质疑、声明、命令和意愿。在实际的表达中,一个交流模块未必包含这么多的言语功能,但是其组合模式都是一致的。例(2)还说明在交流模块的建立过程中,情态表达也会参与其中,比如例子中的"可能"就是情态表达的实例。

4.2.3 表意维度

表意维度语义中最主要的成分就是构型,其核心要素包含过程成分和参与过程的参与者成分以及起辅助说明功能的环境成分。而构型之上的语义单位是构型列,其下的语义单位是包括过程、参与者和环境成分的诸多要素。构型列包含两个核心语义范畴,即投射和扩充。而构型列内部的两个或多个构型既可以是并列关系也可以是从属关系。

到目前为止,我们已经对汉语中三大功能维度的语义体系进行了简要的描述。该描述对于彻底地理解汉语的语义体系当然是远远不够的,但是已经为语法隐喻现象的分析提供了操作上的可能性。图 4.1 对上述三个维度的描述进行了总结:

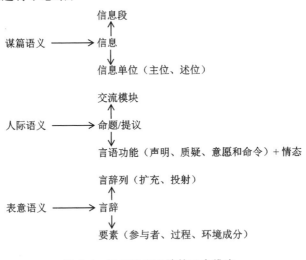

图 4.1 汉语语义系统的三个维度

4.3 汉语跨语法级阶语义范畴

在 4.1 和 4.2 节中,汉语语法隐喻识别的主要依据得以澄清,汉语语义及语义的分析框架得以完善。本节继续向前推进,分析汉语中是否存在语法隐喻现象出现的基础,即跨语法级阶语义范畴。跨语法级阶语义范畴是指一个语义范畴由多个不同级阶的语法单位来实现(Halliday and Matthiessen,2004)。这一语言现象是语法隐喻存在的前提,可以说一种语言中如果没有该现象就不会有语法隐喻出现。原因在于,特定语义既拥有一致式表达又拥有隐喻式表达时,必然会涉及多个语法单位,而这些单位必然会出现在不同的语法级阶中。所以,从跨语法级阶语义范畴入手是判断语法隐喻存在与否的最可靠手段。本书认为汉语中共有四类语义范畴能够在不同语法级阶得以实现,即扩充、投射、言语功能和情态。对这四类语义实现方式的分析基于第三章中建立的系统功能分析框架。比如,对情态的分析就以第三章中对情态系统的讨论为基础。

4.3.1 扩充语义

从语法级阶的角度看,汉语中的扩充语义首先可以在小句复合体中得以实现。扩充语义可以细化为阐述、拓展和加强三个分项。大多数的汉语小句复合体实现的是拓展和加强语义。而且,汉语中连接词使用的强制性不高,在很多时候小句复合体中甚至不需要使用连接词。汉语中的扩充语义同样可以在小句级阶得到实现。在汉语小句中,环境成分和过程成分都有实现扩充语义的能力。环境成分可以实现拓展和加强语义,拓展语义主要涉及的是"伴随"环境成分,而加强语义则同"处所""原因"和"来源"这些环境成分有关。过程成分实现扩充语义主要限定在六大过程类型中的关系过程。具体而言,关系过程的三个分类中,"强化"类型对应着阐述语义,而"拥有"和"环境"类型则对应着拓展语义。汉语的过程成分还有一种特殊形式和语义的扩充有关,那就是连动结构。Aikhenvald(2006:1)将汉语连动结构定义为:"一连串动词一起使用,作为同一个谓语,而且各动词之间不需要任何的标记或者连接成分。"连动结构可以有效地在一个小句的范围内表达扩充语义。通过例(3)两个表达的对比,可以清楚地看到这一点:

(3) 他得奖了,我们恭喜他。(小句复合体)
　　我们恭喜他得奖。(连动结构)

这两个例子的对比说明,原本由两个小句来实现的扩充关系也可以由连动结构表达。严格地说,连动结构是介于小句复合体和小句之间的语法单位,在第八章我们会详细地讨论这种结构的特点。

语法级阶再降低一层,名词词组一样可以表达扩充这一特定语义,且主要是通过修饰语的使用来实现的。但是,修饰语本身可以是嵌入式小句或词组。重要的是,汉语名词词组中的修饰语成分必须出现在被修饰成分之前。这种排列顺序会极大地影响同名词词组有关的语法隐喻表现形式。

综合上述考虑,"扩充"作为一个跨语法级阶语义范畴,可以在小句复合体、小句、连动结构和名词词组多个层面得到实现。

4.3.2 投射语义

汉语中的投射语义同样可以由小句复合体、小句和名词词组来实现。小句复合体包含投射小句和被投射成分两个部分。投射小句分为言语和心理两类,而被投射成分是需要引用和报告的部分。同实现扩充语义的小句复合体不同,实现投射语义的小句复合体不需要使用连接成分。当投射语义由汉语小句实现时,起主要作用的是小句中的环境成分。具体地讲,主要是环境成分中的来源成分在起作用。比如例(4)中的"按照天文学家的观点"就是小句中指明信息来源的环境成分,实现的恰恰是投射语义。

(4) 按照天文学家的观点,太阳是炽热气体构成的球体。

当投射语义由名词词组来实现时,通常名词词组的核心部分都是"想法"和"说法"这一类的词语。我们可以对比下列例子中表达投射语义的小句复合体和名词词组的形式:

(5) 伽利略说,所有物体以同样速度下落。

  伽利略关于所有物体以同样速度下落的说法……

  伽利略认为所有物体以同样速度下落。

  伽利略关于所有物体以同样速度下落的想法……

这两组表达的对比很清楚地说明,原本由两个小句实现的投射语义也可以通过名词词组来实现。在这种情况下,实现投射语义的主要是名词词组中的核心词,而原有表达中的说话人被转换成了名词词组中的修饰语。如果说话人的身份可以在上下文中轻易地找到,它在名词词组中常常会被省略掉。

4.3.3 情态语义

第3.4.3节对汉语情态系统的描述说明情态动词、副词、助动词和语气词都可以用来实现情态语义。就语法级阶而言,其中包括小句、动词词组和副词词组。当以小句为实现单位时,最常用的语法形式以言语或者心理过程为小句复合体中的投射部分。这是对情态语义的一种主观性描述。当表达形式为关系或者存在过程时,使用的主要是"是……的"和"有……"结构,这是一种客观的情态描述形式。当以小句为情态语义的实现单位时,无论哪种形式,都是一种清晰独立的表达方法,说话人都处在一种置身事外的状态。

以动词词组和副词词组为实现形式的情态语义则更为常见。考虑到在 3.4.3 节中,我们已经对这些实现方式进行了清楚的描述,这里不再逐一回顾。值得注意的是,这些情态语义实现形式都是一种模糊化的表达方法,说话人隐身事中。这种表达方式和小句级阶置身事外的表达方式有着根本的不同。按照 Halliday(1994)的说法,隐身事中的表达方式出现较早,属于一致式表达;而置身事外的形式出现较晚,是一种隐喻式表达。这一点在下一节中还会谈到。

4.3.4　言语功能

在汉语中,言语功能同样是跨语法级阶语义范畴。第 3.4.2 节的讨论已经清楚地表明言语功能可以由小句、语气词甚至特殊结构来实现。但是其实现的主体依然是语气词,具体的讨论会在 4.5.2 节中展开。当以小句为实现形式时,主要集中在命令和质疑这两个语义的表达,基本形式是投射小句,如例(6)所示:

(6) 我觉得你该休息一下。(命令)
　　我猜你会按时到达。(质疑)

在例(6)中,实现命令和质疑语义的是投射小句"我觉得"和"我猜"。这种形式的表达在一定程度上弱化了相应的强硬表达。例(6)还说明投射小句实现的言语功能同时涉及了情态的表达。这表明在汉语中情态和语气的表达之间并没有一个严格清晰的界限。这一点并非本书讨论的重点,却是一个特别值得注意的研究方向。实现言语功能的特殊结构主要指"A 不 A"这样的问句,在下一章中会详细讨论。

上述四个跨语法级阶语义范畴的讨论清楚地说明,汉语有多种语义拥有跨级阶的语法实现手段。其中的扩充和投射语义的实现主要表现为语法单位的降阶移动,包括从小句复合体到小句,或者从小句到名词词组。而同人际元功能关系更密切的语气和情态表达,则主要涉及语法单位的升阶,包括从词组到小句或者从小句到小句复合体。在这些语义的多种实现方式中,有一些是一致式表达,而另外一些则明显是隐喻式表达。这充分说明语法隐喻现象在汉语中是广泛存在的。在下一节中,我们要对汉语中的一致式和隐喻式表达进行清楚的界定。

4.4　一致式和隐喻式实现方式

对一致式表达和隐喻式表达进行清楚的划分是下一步研究的基础。有了这些划分,我们可以对汉语中的语法隐喻进行细致的分类,并对实际的语料进行具体的分析。下面的讨论还是以语法隐喻的两个主要类型,即概念隐喻和人际隐喻为大的划分框架。

4.4.1 一致式实现方式

汉语中表意元功能的一致式实现方式可以从两个方向来描述:级阶和要素。具体的实现方式都是清晰明了的,如图 4.2 所示:

图 4.2 汉语级阶的一致式实现方式

表意语义中有四类基础的语义要素,即过程、参与者、环境和连接,其中的参与者由性状和事物构成。所有要素的实现方式是非常清楚的,如图 4.3 所示:

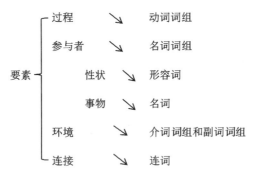

图 4.3 汉语语义要素的一致式实现方式

同表意元功能的实现方式相比,汉语中的人际元功能的实现方式比较难判断。这主要是因为在实际的交流中,人们使用最多的可能并不是一致式表达。但是 Halliday(1984a:14)注意到,"无论我们对一致式表达使用得多或少,我们还是能凭语感知道何为一致式表达"。根据一致式表达的这一特征,我们确定言语功能中的声明、命令和质疑的一致式表达形式分别是陈述句、祈使句和疑问句。但是意愿语义的一致式表达则比较难以确定。这主要是因为陈述句和疑问句都可以看作是意愿语义的一致式表达。本研究认为汉语中的意愿语义没有既定的一致式表达形式。由此,言语功能的一致式实现方式可以用图 4.4 来总结:

图 4.4　汉语言语功能的一致式实现方式

根据第三章和本章的大量讨论,我们可以将汉语情态系统的一致式实现方式总结如下:

图 4.5　汉语情态系统的一致式实现方式

4.4.2　隐喻式实现方式

只要明晰汉语中跨语法级阶语义范畴的主要类别,并且划定表意和人际元功能的一致式实现方式,汉语中的隐喻式表达方式就不难确定了。更重要的是,我们可以通过对比一致式表达和隐喻式表达,判定两者的转化过程中发生了哪些语法单位的转移。

在表意体系中,各级阶的隐喻式实现方式如图 4.6 所示:

图 4.6　汉语级阶的隐喻式实现方式

通过对比隐喻式和一致式表达,我们会发现就级阶而言,汉语语法隐喻中发生了下述的语法单位转移:

表 4.1　汉语语法隐喻中语法级阶的转移

语义单位	语法单位降阶	例子
构型列	(1)小句复合体 ↓ 小句	温度升高,所以体积膨胀。 温度升高导致体积膨胀。
构型列	(2)小句复合体 ↓ 词组	温度升高,所以体积膨胀。 温度升高引起的体积膨胀
构型	(3)小句 ↓ 词组	温度升高导致体积膨胀。 温度升高引起的体积膨胀
要素	(4)词组 ↓ 词	温度升高引起的体积膨胀 温度升高(引起的体积膨胀)

和级阶层面的语法转移相类似,与要素相关的语法转移总结为表 4.2:

表 4.2　语义要素实现涉及的语法成分转换

语义要素	语法成分转换	实例
事物	名词—名词词组修饰语	体积膨胀—体积(的)膨胀
性状	形容词—名词	成熟(的)—成熟
过程	动词词组—名词词组	驾驶(汽车)—(汽车)驾驶
过程	动词词组—名词词组修饰语	幻想(未来)—幻想(的)未来
环境	介词/副词词组—名词	缓慢—低速
环境	介词/副词词组—名词词组修饰语	在山下—山下(的)
环境	介词/副词词组—动词词组	以……为参照—参照
连接	连词—名词	因为—原因
连接	连词—名词词组修饰语	所以—导致(的)
连接	连词—动词	所以—导致
连接	连词—介词/副词词组	因为—以……为诱因
Ø(没有一致式表达)	+名词	……的现象
Ø(没有一致式表达)	+动词	有……

表 4.2 详细列出了同语义要素有关的语法转移,可以分为 13 个类型。

这为汉语中概念隐喻的分类提供了依据。事实上,第五章对概念隐喻的分类正是以表 4.2 中的语法转移为基础的。

同人际功能有关的隐喻式表达描述起来更复杂一些。首先,语法单位移动的方向不同,不是从高到低,而是从低到高。其次,很难观察到语法单位之间清晰的相互转化。在涉及的语法转化中,各种结构和句式之间的转化占很高的比例。同言语功能有关的语法转化可以用表 4.3 来呈现:

表 4.3 言语功能隐喻式表达中的语法转化

言语功能	语法变化	实例
意愿	没有改变	
命令	(1)祈使句 ↓ 疑问句	喝一杯水。 要喝杯水吗?
	(2)祈使句 ↓ 陈述句	喝一杯水。 这儿有一杯水。
声明	(3)陈述句 ↓ 疑问句	有道理。 难道没有道理?
质疑	(4)疑问句 ↓ 陈述句	航班什么时候到达? 我想知道航班的到达时间。

情态系统的隐喻式表达无疑是四个语义范畴中最复杂的。投射小句和特殊结构在情态系统的隐喻式表达中起到了非常重要的作用。其中的特殊结构主要指"是……的"和"有……",在 4.5 节中我们还会详细讨论。情态系统隐喻式表达涉及的语法转化如表 4.4 所示:

表 4.4 情态隐喻式表达中的语法转换

情态语义	语法形式改变				
	一致式			隐喻式	
	情态动词	副词	语气词	投射小句	"是……的""有……"
可能性	可能 会 该	一定 肯定 必定 准	吧	我想 我估计 我认为	是可能的 有可能

续表

情态语义	语法形式改变				
	一致式			隐喻式	
	情态动词	副词	语气词	投射小句	"是……的""有……"
规律性		一直 经常 有时			是常有的
倾向性	要 想 愿意 肯	一定 偏 非			是自愿的
强制性	必须 该 可以 应该			我要求 我强迫 我让 我允许	是必须的 有必要

本节的篇幅并不大，内容也多为图表形式的总结，但是，本节的重要性不容忽视，因为相关论述都是在第三章和第四章前半部分内容的基础上升华而来的。可以说，前边整整一章半内容的大量铺叙和概念梳理都是为本节的内容打基础。本书的重要目的之一就是为汉语语法隐喻的识别和分类提供可靠的依据，为以后的研究打下坚实的基础。但是达到这个目的之前需要做充分的准备，完成许多开创性的工作。究其原因，汉语研究实在是有太多的工作需要开展和完善。在这种情况下，为得出本节的结论性内容，必然要完成大量的准备工作。

4.5 识别中涉及的语言现象

在上一节关于语法隐喻实现方式的讨论中，我们会发现汉语中有几类特殊语言现象同语法隐喻的识别有非常大的关系，其中的三个特别值得讨论，即汉语兼类词、语气词以及"是……的"和"有……"结构。下面我们逐一分析它们的特殊之处以及它们和语法隐喻的密切关系。

4.5.1 汉语兼类词

根据 Halliday and Matthiessen（1999：242）的说法，词语的兼类主要

意味着两件事情:"1)词语原型主要属于一个词类;2)至少有部分词语原型属于另一个词类。"语法隐喻实现过程中涉及的语法类别转移在很多情况下涉及词类之间的转换,而且词类转移也是语法单位降阶的基础。所以,汉语中的词类转移对于语法隐喻的识别有关键性的作用。

从语言类型学角度讲,汉语和英语重要的差异之一就在于它缺少形态上对不同词类的标记。汉语中从一个词类到另一个词类的转换,通常不是由词汇手段而是由句法手段实现的。所以,我们时常可以观察到汉语中具有不同功能的词语常常有完全一样的表现形式。这里首先讨论的是汉语中的动词和形容词到名词的转换,因为这类转换是汉语语法隐喻的核心内容。随后讨论的是汉语中的名词和动词如何充当修饰语的问题。

A. 从动词/形容词到名词

在 3.2.2 节的讨论中我们已经看到汉语的形容词和动词之间有极大的相似性。这种相似性导致它们在转换为名词的过程中,采取了同样的方式。具体而言,这种转换包含两个小的类型,一个是转换后形式完全没有变化,另一个是转换后增加了词缀。我们先来看第一种类型的例子:

(7) 动荡(的社会)—(社会的)动荡(形容词到名词)
　　公平(的竞争)—(竞争的)公平(形容词到名词)
　　考虑(后果)—(对后果的)考虑(动词到名词)
　　研判(局势)—(对局势的)研判(动词到名词)

在第二个转换类型中,动词和形容词变为名词后通常会加入"性""率"和"度"这些词语后缀。下面是实际的例子:

(8) 可能—可能性(形容词到名词)
　　成功—成功率(动词到名词)

汉语名词中出现"性""率"和"度"这样的词语后缀多半是因为汉语欧化的结构(Kubler, 1985)。这类名词在科技语域中使用得非常广泛,成为现代汉语名词化的重要特征。

B. 名词和动词转化为修饰语

当汉语中的名词和动词转化为名词词组中的修饰语时,它们的词性并未转化为形容词。但是从语义角度看,这种转化实际上是"事物/过程"语义到"性状"语义的转变。出现这种转化时,有可能词语的形式不发生任何变化,比如"课堂观察"中的"课堂"。但是在大多数情况下,这种转化都由助词"的"来标记,如以下实例所示:

(9) 顺序的变化(名词变为修饰语)

震动的状态(动词变为修饰语)

对于助词"的"的研究历来是汉语语法研究的重点,有很多研究者曾经进行了精辟的分析(例如 Chao,1968;Li and Thompson,1981)。这里我们关注的只是它的功能之一,即指示修饰语。其他相关的内容,以后还会谈到。值得注意的是,使用不使用"的"来指示修饰语是有语义上的差别的。不使用"的"时,修饰语和被修饰语之间的关系更加紧密,主要用于被修饰成分的分类表述;而使用"的"时,修饰语和被修饰语之间的联系就比较松散,作用也仅限于说明功能。

词类的转换往往还会带来语义上的改变。在有些情况下,语义的改变是非常明显的,比如从"成功"到"成功率"的改变。在另外一些情况下,语义的改变就没有那么明显。Halliday(1998)曾经提到英语中类似 development, shakiness 和 awakening 这样的词语其实是语义上的混合体。它们兼顾了两方面的语义,实际上完成了一种语义汇合。在汉语的词类转化中,这种情况同样存在,比如"思考""运动"和"反思"这样的词语,都具备了动词和名词两个方面的语义。从这个角度看,词类转化事实上极大地丰富了特定语言的语义集合。

4.5.2 语气词

谈到汉语中言语功能的实现,最突出的特征就是语气词的使用。在第三章我们已经谈到汉语中的语气词有四个,即"吗""呢""吧"和"啊"。这些语气词的使用对汉语中人际隐喻的实现有非常大的作用,需要逐一进行描述。

A. 吗

语气词"吗"有两个重要特征。第一,它只能用于疑问句;第二,它不能和其他的疑问句形式共同使用。"吗"的这两大特点使它具备了强大的语气转换能力,只是在句尾添加"吗"就可以将陈述句转换为疑问句。也就是说,汉语中的陈述句和疑问句完全可以是一样的形式,只是靠使用句尾的"吗"就可以区分,如例(10)所示:

(10) a. 明天我们去故宫。
　　 b. 明天我们去故宫吗?

前文提到汉语中的疑问句分为三类:疑问词疑问句、A 不 A 疑问句和语气词疑问句。由于头两类疑问句已经有清楚的疑问指示,不需要"吗"来再次表达疑问。所以,疑问词"吗"的使用范围只是限定在语气词疑问句中。

B. 呢

语气词"呢"既可以指示陈述句也可以指示疑问句。当它出现在陈述句的句尾时,主要的功能是引起听者的特别注意,比如:

(11) a. 这条街有五千米长。
　　　b. 这条街有五千米长呢。

很明显,b 中"呢"的使用加强了肯定的语气,同时引起了听者对街道长度的注意。

"呢"自己是不能实现将陈述语气转换为疑问语气的,它只能和其他的疑问形式连用,比如:

(12) a. 你喜欢不喜欢他呢?
　　　b. 他要吃什么呢?

C. 吧

Li and Thompson (1981) 认为汉语中"吧"的语义相当于英语中的 Don't you think so? 或者 Do you agree?。因此,汉语中以"吧"结尾的问句主要的功能就在于引起对方的同意。当疑问句的人称是第一人称复数或者第二人称时,以"吧"结尾的问句就带有了命令的语气。例(13)是相关的实例:

(13) a. 我们走吧?
　　　b. 你睡吧?

D. 啊

用在句尾的语气助词"啊"实现的是疑问和命令语气。在表达疑问和命令语气时,"啊"可以有效地减弱表达的力度从而弱化语气。下面的例子是 A 不 A 结构和疑问词在使用"啊"后语气得到弱化的例子:

(14) a. 你想不想妈妈啊?
　　　b. 你在哪儿啊?

当"啊"出现在命令句中时,同样有弱化语气的作用,比如:

(15) a. 你告诉我。
　　　b. 你告诉我啊。

表 4.5 对汉语中四个语气词和不同语气的搭配关系进行了总结。

表 4.5　汉语中语气词的使用

语气	语气词			
	吗	呢	吧	啊
陈述		+		
疑问	+	+	+	+
命令			+	+

本节的讨论表明语气词在不改变原句结构的情况下,就可以实现语气之间的转换,是汉语中非常有特点的一种表达方式,同时也是汉语语法隐喻构成的重要手段。但是这一特点也为识别汉语语法隐喻带来了一些困难,我们在第七章还会谈到这个问题。

4.5.3　"是……的"和"有……"结构

在4.4.2节中我们曾经谈到,汉语中的情态语义可以通过投射句的形式得以表达,也包括"是……的"和"有……"结构。本节对这两个结构进行更深入的分析,揭示它们同汉语语法隐喻的关系。

A."是……的"结构

"是……的"结构主要用来强调说话人的态度和具体信息。在强调具体信息时,该结构以关系过程中的属性成分出现:

(16) 这是我送您的。

在表达说话人的态度时则同情态的隐喻式表达方式有关。具体而言,该结构出现在这个表达的末端,相关的情态动词或者情态副词被放在"是"和"的"之间。这种结构可以用来实现任何一种情态语气的表达,如下列实例所示:

(17) a. 按时完成任务//是可能的。(可能性)
　　　b. 他迟到//是经常的。(规律性)
　　　c. 他上课//是自愿的。(倾向性)
　　　d. 按时打通道路//是应该的。(强制性)

B."有……"结构

除了"是……的"结构,汉语中的情态有时也会以"有……"的结构实现。但是该结构只是用于可能性和强制性的实现,例如:

(18) a. 有可能//他已经走了。(可能性)

b. 有必要∥让他知道。(强制性)

例(18)可以简单地翻译成英语中的 there is 句式。但是这并不是说该结构可以建构一个存在过程,事实上,"有……"用来建立两个语义之间的关系过程。

从上述分析不难看出,"是……的"结构和"有……"结构为汉语中的情态表达提供了一套不同于英语的表达手段。虽然它们能表达的情态语义范围不同,但是都可以在原有小句之外进行独立的情态表达。这一特点使这类结构和"我想""我看"之类的投射句有相似之处。但是这类结构的情态表达显然更加客观,使说话人游离于情态表达之外。这两种结构对汉语语法隐喻的分析非常重要,后面的章节还会有所提及。

本节对汉语中三个独特语法现象的讨论有明确的目的,就是为了进一步扫清汉语语法隐喻识别的障碍。无论是汉语兼类词、语气词还是"是……的"和"有……"结构,它们对于汉语语法隐喻的表现形式有重要的制约作用。对它们认识不清,必然会导致识别汉语语法隐喻时出现不必要的模糊地带。这也说明,语法隐喻现象在特定语言中的表现形式一定会受到该语言本身特征的制约。因此,不能简单照搬英语语法隐喻的一套识别标准,必须根据汉语的自身特点,建立汉语语法隐喻的识别标准。这一点在任何语言的语法隐喻研究中都特别值得注意。

4.6 总结

本章内容的主线就是汉语中语法隐喻的识别。要识别一种语言中的语法隐喻现象必须有可靠的依据,这也是为什么本章的开头部分通过再次审视已有研究的方式,确定了识别语法隐喻的三大主题。本章的另一个重大贡献是建立了汉语的语义描述体系。这一工作非常重要,但之前从未有人做过。本章的描述受到研究目的的制约,相对比较简单,但是具有开创性。有了这一语义描述体系,配合第三章系统功能模式的语法描述体系,所有描述汉语语法隐喻的障碍都被扫除了。接下来关于汉语中跨语法级阶语义范畴的分析是汉语语法隐喻识别的前奏。完成了这项工作,就为汉语中一致式和隐喻式实现方式的区分奠定了坚实的基础。本章最后部分对汉语中三大特殊语言现象的讨论,是为了保障汉语中语法隐喻现象的正确识别。简而言之,第四章的所有分析和讨论都是为了保证本研究识别的语法隐喻现象的可靠性,从而加大研究的可信性。同时也应该看到,第五章关于汉语语法隐喻类别的讨论也是以本章的内容为基础的。

第五章 汉语语法隐喻分类

本章的目的只有一个,就是对汉语中的概念隐喻和人际隐喻进行细致的分类,为第六、七、八章的讨论提供一个可靠的分析框架。在具体的操作中,概念隐喻的分类以语义成分和语法成分之间的转化为依据,而人际隐喻的分类则把重点放在语法实现手段的不同。

5.1 汉语语法隐喻分类框架

为了能够有效地对汉语语法隐喻进行分类,我们需要一个可靠的分类框架。这个框架参考了英语语法隐喻的分类方法,但是真正依据的还是前边各章节讨论的内容,尤其是第三章和第四章对大量核心问题的梳理。其中,第四章关于汉语语法隐喻中语法转移的描述也为分类框架的搭建提供了关键信息。

5.1.1 概念隐喻分类框架

在第二章中我们就曾经提到过,概念隐喻的分类可以从两个方向进行,一个是语法级阶的调整,另一个是语义成分的转移。在已有的英语语法隐喻研究中,两种分类方法基本上各行其是。具体的研究既可以从语法级阶调整的角度展开,也可以从语义成分转移的视角切入,但是必须要看到,两种分类方法是密切相关的,有必要做整体的考虑。因此,本研究对汉语法隐喻的分类将两个方向都考虑在内,建立了一个综合性的分类框架。该框架以语义成分转移为主题,但是将语义成分转移限定在特定的语法级阶调整之中。比如,"连接"成分向任何其他成分的转移一定涉及小句复合体的降阶。该框架中的具体分类方法如表 5.1 所示:

表 5.1 汉语概念隐喻的分类框架

转移	语义成分				
	连接	环境	过程	性状	事物
1.向事物转移	4	3	2	1 →	→
2.向性状转移	7	6	5 →	→	
3.向过程转移	9	8 →			
4.向环境转移	10 →				
5.向修饰语转移				←	13
6.无一致式转移			12 Ø →		11 Ø →
语法单位降阶	小句复合体 →		小句 →		词组

在表 5.1 中,共有 11 类概念隐喻的主要类型和 2 类概念隐喻的次要类型。所有这些类型的概念隐喻被分成了六组,同一组中的概念隐喻的语法单位转移目标都是相同的。除了对 11 类概念隐喻进行归类,本书还将每一类概念隐喻进行了细致的分类。细分的标准是同一类的语义成分转移中还涉及了哪些语法成分的转化。这主要是因为同一个语义单位有可能由不止一个语法单位来实现,具体的语法成分转化也可能就不止一个。所以,同一个语义成分转移可能涉及两种或者更多种语法成分的转化。

5.1.2 人际隐喻分类框架

人际隐喻的分类比概念隐喻的分类更复杂,主要涉及两个原因。首先,人际功能本身就要比表意功能复杂得多,对应语义体系中的选择也比较多。其次,人际隐喻的两个子类别,即语气隐喻和情态隐喻,有大不相同的表现形式。基于这两点原因,要对人际隐喻进行细致的分类其实并不容易。为了完成这一分类任务,作者建立了一个特别的分类框架,重点在于强调语法隐喻实现形式的差异。比如语气隐喻就按照言语功能的不同实现形式来分类,而情态隐喻则按照实现四类情态的具体语法表现形式来分类。其中的细节如表 5.2 所示:

表 5.2　汉语人际隐喻分类框架

人际隐喻	类别
语气隐喻	1. 以疑问语气表达命令语义
	2. 以陈述语气表达命令语义
	3. 以疑问语气表达声明语义
	4. 以陈述语气表达质疑语义
情态隐喻	1. 可能性语义的隐喻式表达
	2. 规律性语义的隐喻式表达
	3. 倾向性语义的隐喻式表达
	4. 强制性语义的隐喻式表达

5.2　概念隐喻分类

5.2.1　以事物为指向的转移

以事物为指向的语义转移比其他类型的概念隐喻更为重要,这是因为名词化是概念隐喻的主要表现形式。这种语义转移共包括四种类型,分别是概念隐喻中的第1到第4类。具体类别描述如下:

第1类:性状到事物

性状语义成分的语法实现单位是名词词组中的性质词和小句里的属性词。这就决定了这类概念隐喻可以再细分为两类:1) 从性质到事物;2) 从属性到事物。由于性质词和属性词分别出现在词组和小句层面,最后形成的语法转移层级也不同。例(1)是从性质到事物的转换实例:

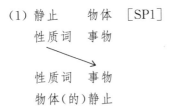

例(1)中的语法层级并未发生变化,依然停留在词组层面。但是,从属性到事物的转换则涉及了从小句到词组的语法降级,如例(2)所示:

(2) 物体　　弯曲　　[SP2]
　　 载体　　属性
　　　　　　↓
　　 性质词　事物
　　 物体(的)弯曲

性状语义在不同的语言中有不同的表达倾向。英语倾向于将其表达为名词词组中的性质词,而汉语则倾向于将其表达为小句中的属性成分(Halliday and Matthiessen,1999)。我们可以对比牛顿第三运动定律在汉语和英语中的不同表述形式:

(3)两个物体之间的作用力和反作用力大小相等,方向相反。[SP2]
　　 If one body (A) exerts a force on another body (B), then B must exert an equal and opposite force on A.

例(3)表明,"相等"和"相反"这两个性状语义在中英文中分别由小句中的属性词和词组中的性质词来实现。中英文在该原则倾向上的差异带来了许多连带性的问题。具体到语法隐喻的类别,由于汉语倾向于用属性来表达性状语义,必然导致"属性到事物"的语法成分转移更加频繁地出现。上述"性状到事物"转移的两个分类中,第 2 个小类的频率很可能比第 1 个小类更高。事实上,这个预测通过第六章的语料分析得到了印证。

第 2 类:过程到事物

汉语的过程由动词词组来实现,而动词词组包含辅助、事件和拓展三个成分,所以从过程到事物的分类也可以再细分为三类:1)事件到事物;2)"事件+拓展"到事物;3)辅助到事物。从事件到事物的转变在各类过程类型中都可以观察到,比如:

(4) 物质过程:

(5) 心理过程：
　　Thomson　　验证了　　　　负离子的存在。　［UP2］
　　感受者　　　过程（事件）　现象

　　指示词　　　性质词　　　　事物
　　Thomson　　对负离子存在的　验证

(6) 关系过程（等值）：
　　A　　　　　指示　　　　　每日温度。　　［SC1］
　　等值物　　　过程（事件）　等值物

　　类别词　　　性质词　　　　事物
　　A　　　　　对每日温度的　指示

(7) 行为过程：
　　人类　　　　在空气中　　　呼吸。　　　　［SC1］
　　行动者　　　环境：处所　　过程（事件）

　　类别词　　　性质词　　　　事物
　　人类　　　　在空气中的　　呼吸

(8) 言语过程：
　　报告　　　　说　　　　　　存在新粒子。　［UP2］
　　言者　　　　过程（事件）　内容

　　性质词　　　性质词　　　　事物
　　报告中　　　存在新粒子的　观点

(9) 存在过程：
　　水分子中　　存在　　　　　氢离子。　　　［UC1］
　　环境：处所　过程（事件）　存在物

　　性质词　　　性质词　　　　事物
　　水分子中　　氢离子的　　　存在

上述例子清楚地表明每一过程类型都有可能发生从事件到事物的转化。而从"事件＋拓展"到事物的转化则主要发生在物质过程中，如例（10）所示：

(10) 物质过程:

冰山　　　　在高温下　　　融化。　[SP2]
参与者　　　环境:处所　　　过程(事件＋拓展)

性质词　　　性质词　　　　事物
高温下的　　冰山　　　　　融化

从辅助到事物的转化涉及的主要是情态动词的名词化,这也可以从两个方面来区分。首先是表达能力的情态动词的名词化:

(11) 能力:

该设备　　　能分解　　　　水分子。　[UC2]
行动者　　　过程(辅助＋事件)　对象

类别词　　　性质词　　　　事物
该设备　　　分解水分子的　能力

而表达其他语义的情态动词名词化就更复杂一些,我们以可能性的表述为例来说明:

(12) 可能性:

压力　可能　增大。　[SC2]
行动者　过程(辅助＋事件)

性质词　　　事物
压力增大的　可能性

值得注意的是情态动词不只出现在概念隐喻的表达中,它们在人际隐喻的表达中的使用也是非常普遍的。这一点在5.3.2节中会再谈到。

第3类:环境到事物

第3.2.3节的讨论将汉语中的环境成分的实现形式划分为三类:1)介词(次过程)＋名词＋后缀;2)介词(次过程)＋名词;3)副词。语料分析表明,在这三类实现形式中,只有第二类能够转化为事物成分。第一类通常被转化为性状成分,具体情况在5.2.2节中会有论述。考虑到汉语中的副词不能转换为名词,第三类也不会被转化为事物成分。第二类环境成分转化为事物成分时有两种情况,一种是只有介词表达的"次过程"参与其中,例如:

(13) 根据 Maxwell 方程，　　　　存在　　　　电磁波。　[UP2]
环境:来源(次过程＋名词)　过程:存在　存在物

性质词　　　　　　事物　　　　过程:关系　事物
电磁波存在的　　　根据　　　　是　　　　　Maxwell 方程。

另一种情况是介词表达的"次过程"和名词同时转化为事物，如例(14)所示：

(14) 研究人员　按该原理　　　　　　　降低　摩擦的影响。
　　　行动者　　环境:工具(次过程＋名词)　过程　目标

事物　　　　　过程　　　目标
该原理的应用　降低了　　摩擦的影响。　[UP1]

例(13)还表明在环境转换为事物的过程中，可能会引起过程类型的改变。在该例句中，原本的"存在"过程就变成了"关系"过程。因此，隐喻式表达可能带来很大的语法结构的改变。更重要的是，这种变化可以建立两个隐喻域之间的联系，这一点和认知语言学中的隐喻研究是不谋而合的，值得我们深入地思考。从更深的角度思考，我们甚至可以认为，正是要改变过程类型的需要才导致了环境到事物的转变。

第 4 类：连接到事物

汉语中的连接词经常不必出现，具体的连接语义隐含在上下文中。因为这一特征，汉语中连接到事物的转移就有可能有两种情况，一种是隐含形式的连接成分到事物成分，另一种是普通的连接成分到事物成分。这两种情况可以分别用例(15)和(16)来说明：

(15) 温度　　升高，　　　　　　　布朗运动的程度　　加强。
　　　行动者　过程　连接(隐含)　行动者　　　　　过程

等值物　　　　　　过程　等值对象
(性质词　　　事物)
温度升高的　　　　结果　是　　布朗运动程度的加强。[UC1]

(16) 因为　　E1 和 E2 的方向　相同，　总电场　为　E1＋E2。
　　　连接　载体　　　　　　属性　　等值物　过程　等值对象

等值物　　　　　　　　过程　等值对象
(性质词　　　事物)
总电场为 E1＋E2 的原因　是　　E1 和 E2 的方向相同。[UP2]

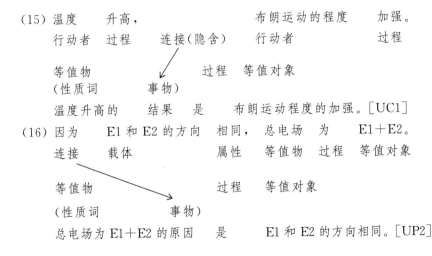

5.2.2 以性状为指向的转移

如表 5.1 所示,以性状为指向的转移涉及三种语义要素:过程、环境和连接。与之相对应,以性状为指向的语义成分转移有三个分类,分别是第 5、6、7 类概念隐喻。

第 5 类:过程到性状

汉语中的过程成分由辅助、事件和拓展这三个更小的成分组构而成。过程成分到性状成分的转化,可以被进一步划分为三个小的类别:1)事件到性状;2)"事件+拓展"到性状;3)辅助到性状。语料分析表明,第一个分类在每一种类型的过程中都可以观察到,这里仅以物质和心理过程为例加以说明。

(17) 物质过程:
   两个球　相互　　排斥。　[SP1]
   行动者　环境:方式　过程

   性质词　　数词　事物
   相互排斥的　两个　球

(18) 心理过程:
   爱因斯坦　假定　光速不变。　[UP1]
   感受者　　过程　现象

   指示词　性质词　　事物
   爱因斯坦　假定的　　不变光速

从"事件+拓展"到性状的转换主要出现在物质过程中,如例(19)所示:

(19) 物质过程:
   金属　　因自身重量　折断。　[SC2]
   参与者　环境:原因　过程(事件+拓展)

   性质词　　　性质词　事物
   因自身重量　折断的　金属

而辅助到性状的转化主要涉及从情态动词到名词修饰语的转变,如例(20)所示:

(20) 光线　　　　可能集中　　　　　　　在某区域。　[UP2]
　　　行动者　　过程(助词＋动词)　　　环境:处所
　　　　　　　　　　↓
　　　性质词　　　性质词　　　　事物
　　　光线集中的　可能　　　　　区域

第6类:环境到性状

环境到性状的转换与环境到事物的转换相类似,都需要考虑环境成分的三种不同实现方式:1)介词(次过程)＋名词＋后缀;2)介词(次过程)＋名词;3)副词。涉及第一种实现方式时,通常次过程会被省略,而名词和后缀同时被转变为一个性质词,例如:

(21) 光波　　在真空中　　　　　　　　　　　　　传播。　[UP1]
　　　行动者　环境:处所(次过程＋名词＋后缀)　　过程

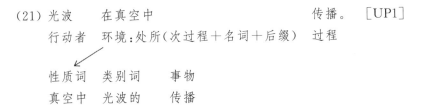

　　　性质词　类别词　　事物
　　　真空中　光波的　　传播

第二类环境成分的转化通常只涉及介词表达的次过程语义,如:

(22) 根据爱因斯坦的观点,时间概念和空间概念 可以替代。[UP2]
　　 环境:来源（次过程＋
　　　　　名词）　　　　 行动者　　　　　　　　过程

　　　指示词　性质词　　类别词　　　　事物
　　　爱因斯坦 提出的　 时间和空间的　　互换性

最后一类环境到性状的转换本质上是汉语中从副词到形容词的转变。这种语法类别的转换只能作为其他类型转换的辅助形式出现,并没有独立存在的可能性。比如例(23):

(23) 时间和空间　　密切　　　　相关。　[UP1]
　　　载体　　　　环境:方式　　属性
　　　　　　　　　　↓　　　　　　↓
　　　类别词　　　性质词　　　　事物
　　　时间和空间的　密切　　　　相关

第7类:连接到性状

从连接到性状的转移其实有两个目的,一个指向关系过程小句中的属性成分,另一个指向名词词组中的性质词。第一种情况如例(24)所示:

(24) 声源　　移动加快，　同时　声音　频率变高。　[UP2]
　　 行动者　 过程　　　 连接　 行动者　过程

　　 行动者　　　　　　　 过程　属性
　　 声源移动和频率变高　 是　　对应的。

第二种情况如例(25)所示：

(25) 当　　两个圆圈　重叠，　它们　　相互干扰。
　　 连接　行动者　　过程　　行动者　过程

　　 性质词　　　性质词　事物
　　 两个圆圈重叠　产生的　干扰　[UP1]

例(24)和(25)表明,拓展和加强关系都可以在连接成分到性状的转换中得到体现。拓展关系一般由关系过程中的属性词来实现,而加强关系由名词词组中的性质词来体现。

5.2.3　以过程为指向的转移

以过程为指向的转移只涉及两类概念隐喻,即环境成分到过程成分以及连接成分到过程成分,也就是表5.1中的第8类和第9类。

第8类:环境到过程

汉语中的环境和过程成分主要由介词词组和动词词组来实现。前面已经多次提到,汉语中的介词同动词有密切的词源关系,很多介词实际上来源于动词。这种密切的词源关系导致汉语中从环境到过程的转换相对比较困难,这种类型的概念隐喻的数量自然也就偏少。一般来说,只有表达来源和原因的环境成分才有可能被转换为过程成分,例如：

(26) 依照实验手册，温度　要严格　　控制。[SC2]
　　 环境:来源　　 目标　环境:方式　过程

　　 行动者　　　过程　　　环境:方式　过程　目标
　　 实验手册　　要求(我们)　严格　　　控制　温度。

第9类:连接到过程

从连接成分到过程成分的转移涉及的是层级较高的语法单位转移,通常包括两个名词化的小句和一个动词化的连接成分。在汉语中只有那些

具有拓展和加强语义的逻辑关系才能实现这种转换,例如:

(27) 因为　　重力　　吸引,石子　　做　　抛物线运动。[SP2]
　　 连接　 行动者　 过程　 行动者　过程　 目标

　　　　　行动者　　　过程　 目标
　　　　　重力的吸引　导致　 石子的抛物线运动。

这种类型的概念隐喻在汉语中的数量并不多,但是其影响力却非常大。它们常常是其他类型的概念隐喻背后的推动力量,这一点会在第六章中做进一步的探讨。

5.2.4　以环境为指向的转移

在这组概念隐喻中只有一个类型,就是从连接成分到环境成分的转移,在表5.1中被标注为第10类。

第10类:连接到环境

在从连接成分到环境成分的转化过程中,两类成分之间有稳定的对应关系,如表5.3所示:

表5.3　汉语中扩充语义和环境成分的对应关系

扩充语义	环境成分
拓展	伴随
加强 —时空 —原因条件	 处所(时间、地点) 原因,来源

例(28)说明了表达拓展语义的连接成分转化为环境成分的情况:

(28) 受热物体体积　　变大,同时　它们的密度　变小。　[UP1]
　　 行动者　　　 过程　 连接　 行动者　 过程

　　 环境:伴随　　　　行动者　　　　　过程
　　 随体积变大,　　 受热物体的密度　变小。

例(29)和(30)说明了表达加强语义的连接成分被转换为环境成分的两种类型,分别涉及环境成分中的处所和原因:

(29) 当　　液体　　　对流时,热传播　　加速。　[UC2]
　　　连接　行动者　　过程　　行动者　　过程
　　　↓
　　　环境:地点　　　　行动者　　过程
　　　在液体对流中,　　热传播　　加速。

(30) 因为　压力　发生了变化,声音的速度　受到影响。[UP1]
　　　连接　行动者　过程　　　　行动者　　　过程
　　　↓
　　　环境:原因　　　　行动者　　　过程
　　　因压力变化,　　　声音的速度　受到影响。

5.2.5　指向修饰成分的转移

在上述的四组共十类汉语概念隐喻中,语义单位转移的总趋势是指向事物。但是也有一些概念隐喻类型的整体转移指向与大的趋势相反,转移的终点是修饰成分。这类概念隐喻具体表现为事物到性状的转化,在表 5.1 中被划分为第 13 类,是其他主要类型概念隐喻的辅助表达形式。

第 13 类:事物到性状

事物可以转化为名词词组中的性质词、类别词和指示词。这类转化通常作为第 1 类(性状到事物)和第 2 类(过程到事物)概念隐喻的伴随状态出现,下面的描述就以此为依据。我们先来看和第 1 类概念隐喻伴随出现时的状态:

(31) 方向　　不可预测　[UP1]
　　　载体　　属性
　　　↓　　　↓
　　　性质词　事物
　　　方向的　不可预测性

再来看和第 2 类概念隐喻伴随出现时的状态:

(32) 热量　　辐射　[SP1]
　　　行动者　过程
　　　↓　　　↓
　　　类别词　事物
　　　热量的　辐射

至于和有特定含义的指示词伴随出现,正如例(33)所示:

(33) 开普勒　计算　行星轨道。　[UP1]
　　　行动者　过程　目的

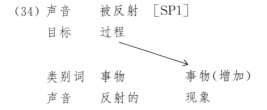

　　　指示词　性质词　　　事物
　　　开普勒　对行星轨道的　计算

5.2.6　无一致式隐喻

表 5.1 中还有两类概念隐喻类型,即第 11 类和第 12 类,它们的共同特征是没有对应的一致式表达形式。第 11 类表现为在原有表达上增加事物成分,第 12 类表现为在原有表达上增加过程成分。它们都可以被看作是其他概念隐喻表达的加强形式。

第 11 类:增加事物

这类表达的具体形式是在已有的隐喻式表达后增加一个名词。这个名词除了加强表达效果,没有实际的语义增值,如例(34)所示:

(34) 声音　被反射　[SP1]
　　　目标　过程

　　　类别词　事物　　　事物(增加)
　　　声音　反射的　　　现象

第 12 类:增加过程

与第 11 类概念隐喻相类似,第 12 类也是增加了一个成分,只是增加的是动词。它的主要功能也在于加强表达效果。

(35) 温度　影响　实验结果。　[SC1]
　　　行动者　过程　目标

　　　行动者　目标　　　过程(增加)
　　　温度　对实验结果　有影响。

在这个例子中,原有的过程表述中添加了动词"有",其作用就在于加强原有的表达,对本来的语义并没有起到扩充的作用。

5.2.7　概念隐喻分类汇总

到目前为止,我们已经对汉语中所有的概念隐喻类型进行了细致的描述。表5.4对所有类型的汉语概念隐喻及其分类进行了汇总,并给出了实例。

表 5.4　汉语中概念隐喻的细致分类

	功能转移	细致分类	实例
1	性状→事物	1.1 性质→事物 1.2 属性→事物	静止(……)→(……的)静止 (……)弯曲→(……的)弯曲
2	过程→事物	2.1 事件→事物 2.2 事件+拓展→事物 2.3 辅助→事物	(……相互)排斥→(……相互的)排斥 (……在……)融化→(……下的……)融化 (该……)能……→(该……的)能力
3	环境→事物	3.1 次过程→事物 3.2 次过程+名词→事物	根据(……)→(……的)根据 按该原理……→该原理的应用……
4	连接→事物		因为(……)→(……的)原因
5	过程→性状	5.1 事件→修饰成分 5.2 事件+拓展→修饰成分 5.3 辅助→修饰成分	(……)排斥……→(……)排斥的…… (金属因……)折断→折断的(金属) (可能)集中→可能(区域)
6	环境→性状	6.1 名词+后缀→修饰成分 6.2 次过程+名词→修饰成分 6.3 环境:方式→修饰成分	(……)在真空中……→真空中(……) 根据……的观点→提出的(……) (……和)密切(相关)→(……和……)的密切(相关)
7	连接→性状		(……)同时(……)→(……)对应的
8	环境→过程	次过程→过程	依照(……)→(……)要求……
9	连接→过程		因为(……)(……)→(……)导致(……)

续表

功能转移		细致分类	实例
10	连接→环境	10.1 连接→次过程(伴随状态) 10.2 连接→次过程(地点) 10.3 连接→次过程(原因)	(……体积变大),同时(……)→随(体积变大),(……) 当(液体对流)时,……→在(液体对流)中,…… 因为(……发生变化)→因(……变化)
13	事物→性状	11.1 事物→性质 11.2 事物→分类 11.3 事物→特指	方向(不可预测)→方向的(不可预测性) 热量(辐射)→热量的(辐射) 开普勒(计算……)→开普勒的(计算)
11	∅→事物	＋事物	……的现象
12	∅→过程	＋过程	……有影响

5.3 人际隐喻分类

在 5.1 节中谈到,人际隐喻的分类是按照言语功能和情态系统的语法实现方式来分类的。这两个语义范畴对应的隐喻化表达形式分别是语气隐喻和情态隐喻。对这两种人际隐喻进行细致分类时,依据的依然是各自的语法实现形式。

5.3.1 语气隐喻

汉语的言语功能和语气系统之间没有一一对应的关系。进一步分析细节,我们就会发现两者之间的关系其实有两大特征:1)一种语气选择可以实现不同的言语功能;2)同一的言语功能可以由多重语气来实现。本节对语气隐喻的分类是从第二个角度入手的,也就是说,同一言语功能的不同语气实现方式被归为一类。

5.3.1.1 命令的隐喻式表达

第 1 类:以疑问语气来表达命令语义

刘月华、潘文娱和故韡(2004)认为汉语中的疑问句在很多情况下是带有命令语义的,而且各种类型的疑问句都可以做到这一点,如例(36)

所示：

(36) a. 准备你的报告。（祈使句）

b. 你的报告准备好了吗？（疑问句：语气词）

c. 你的报告准备没准备好？（疑问句：A 不 A）

d. 你的报告什么时候准备好？（疑问句：疑问词）

但是这种普通形式的疑问句并不是表达命令语义的最常见隐喻化形式。在汉语中有很多的固定句式，常被用来以疑问句的形式表达命令，其中包括：

A. 还不……

"还不……"是在表达命令语义时使用最频繁的一种疑问句式，其语义同英语中的 why not 相类似：

(37) 谢谢那个警察叔叔。（祈使句）

还不谢谢那个警察叔叔？（疑问句）

在一些情况下，该句式前会加入第二人称或具体的人名，比如：

(38) 你快出来。（祈使句）

你还不快出来？（疑问句）

B. 难道……

"难道"句式都用在否定表达中，通常和"不"连用，句尾还会出现语气词"吗"：

(39) 拿些饮料。（祈使句）

难道你不需要饮料吗？（疑问句）

C. ……好/行/可以吗？

这种句式用于直接向对方提出要求，相当于英语中的 Would you mind doing something? 的语义：

(40) 到我家来。（祈使句）

到我家来好吗？（疑问句）

第 2 类：以陈述语气来表达命令语义

同疑问语气相比，用陈述句表达命令语义的方式则显得更加委婉，很多情况下,要参考特殊的语境才能判断有关陈述句是否在表达命令语气。表达的具体方式有两种,一种是正常结构,另一种是以"是……的"为核心的强调结构。我们先来看两个正常结构的例子:

(41) 我们吃饭。(祈使句)

　　　大家都有点饿了。(陈述句)

(42) 收拾你的房间。(祈使句)

　　　你的房间太乱。(陈述句)

下面来看强调结构的例子:

(43) 不准在这里吸烟。(祈使句)

　　　这里是严禁吸烟的。(陈述句)

用疑问或者陈述语气来表达命令语义的根本原因在于说话人必须考虑交流过程中的礼貌原则(Brown and Levinson,1987)。总的来说,以疑问句或者陈述句来表达的命令要比祈使句表达的同样语义的礼貌程度高很多。也正因为如此,疑问句和陈述句形式在祈使语义的表达中出现得更为频繁,几乎成为我们习以为常的选择。

5.3.1.2　声明的隐喻式表达

第3类:以疑问语气来表达声明语义

用于表达声明语义的疑问句同正常疑问句的区别在于,说话的人并不是为了从对方那里获得答案或信息,而是带有特定的目的。汉语在特定语境下通过疑问词问句来表达声明语义,但是更普遍的做法是使用特殊句式来实现该表达目的,其中比较常用的是以下几个:

A. 不是……吗?

(44) 跟你说过了。(陈述句)

　　　不是跟你说过了吗?(疑问句)

B. 难道……

(45) 不一定去图书馆。(陈述句)

　　　难道一定去图书馆?(疑问句)

C. 有什么……

(46) 他的看法是对的。(陈述句)

　　　他的看法有什么不对？(疑问句)

5.3.1.3　质疑的隐喻式表达
第4类:以陈述语气表达质疑语义

能够进行这种表达的主要是"我想知道/了解……"这类投射句,其内在的用意就是为了从对方获得信息,如例(47)所示：

(47) 你什么时间能完成书稿？(疑问句)

　　　我想知道你完成书稿的时间。(陈述句)

最后需要特别指出的是,任何同语气隐喻有关的表达形式都必须放在特定的语境中进行分析,不能绝对地认为哪种表达是一致式,哪种表达是隐喻式。表5.5对汉语中所有的语气隐喻类型进行了总结。

表5.5　汉语语气隐喻类型

言语功能	类型	语气转移	语法实现形式	
命令	1.以疑问语气表达命令语义	祈使→疑问	(i)正常疑问句	疑问词 A不A 语气词
			(ii)特殊结构	还不…… 难道…… ……好/行/可以吗？
	2.以陈述语气表达命令语义	祈使→陈述	(i)正常陈述句	
			(ii)特殊结构	是……的
声明	3.以疑问语气表达声明语义	陈述→疑问	(i)正常疑问句	疑问词
			(ii)特殊结构	不是……吗？ 难道…… 有什么……
质疑	4.以陈述语气表达质疑语义	疑问→陈述	投射句	我想知道/了解……

5.3.2 情态隐喻

5.3.2.1 可能性的隐喻式表达

(i) 以投射句表达可能性语义

以投射句来表达可能性语义时,可选择的动词范围其实是非常有限的,最常用的包括"想、认为、估计"。以这些动词为核心搭建的投射小句是隐喻式表达的关键形式。其中涉及语法单位转换的如下例所示：

(48) 他　　可能　　　去　　计算机中心。
　　　主语　限定语　　谓语　补语

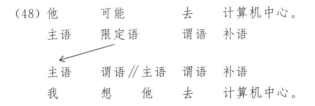

　　　主语　谓语//主语　谓语　补语
　　　我　　想　　他　　去　　计算机中心。

(ii) 以"是……的"结构表达可能性语义

这一结构的特点在第四章已经分析过,其适用性非常广,几乎所有的情态动词和副词都可以和这一结构相搭配来表达可能性,例如：

(49) 项目　　可能　　　在三天内　　完成。
　　　主语　限定语　　　状语　　　谓语

　　　状语　　谓语　补语//谓语　补语
　　　在三天内　完成　项目　是　　可能的。

(iii) 以"有……"结构表达可能性语义

以该结构表达的可能性,出现的概率相对较低,属于一种并不常用的表达方式。具体形式如例(50)所示：

(50) 他　　可能　　　回　　家了。
　　　主语　限定语　　谓语　补语

　　　谓语　补语//主语　谓语　补语
　　　有　　可能　他　　回　　家了。

5.3.2.2 规律性的隐喻式表达

"是……的"结构是唯一可以进行规律性隐喻式表达的方式。具体表达中涉及的是从状语到独立结构的转换,如例(51)所示：

(51) 推销员　经常　加班。
　　　主语　　状语　谓语

　　　主语　　谓语∥谓语　补语
　　　推销员　加班　是　　经常的。

5.3.2.3　强制性的隐喻式表达
(i) 以投射句来表达强制性语义
用来表达强制性语义的投射句通常都是心理过程,如例(52)所示:

(52) 学生们　必须　　　在23号前　交　　作业。
　　　主语　　限定语　　状语　　　谓语　补语

　　　主语　谓语∥主语　状语　　　谓语　补语
　　　我　　要求　学生们　在23号前　交　　作业。

(ii) 以"是……的"结构来表达强制性语义
"是……的"结构表达强制性语义的方式同表达可能性语义的方式非常类似,放在该结构内的同样是情态动词,如例(53)所示:

(53) 班车　应该　　按时　到达。
　　　主语　限定语　状语　谓语

　　　主语　状语　谓语∥谓语　补语
　　　班车　按时　到达　是　　应该的。

(iii) 以"有……"结构来表达强制性语义
"有……"结构表达强制性语义时,构成的是一个独立小句,涉及的结构变化如例(54)所示:

(54) 我们　必须　　支持　家人。
　　　主语　限定语　谓语　补语

　　　谓语　补语∥谓语　补语
　　　有　　必要　支持　家人。

5.3.2.4　倾向性的隐喻式表达
对倾向性语义进行隐喻式表达的唯一方式就是"是……的"结构。进行这类表达时,具体的转换是从限定词和状语到独立小句:

(55)

根据上述详细的分析,我们不难看出,汉语中对情态的所有表达方式有两个大的类别。一类是嵌入在句中,主要涉及情态动词、副词和语气词。另一个大类的主要形式是独立结构,其中包括投射句和"是……的""有……"结构。这类独立结构全部属于情态的隐喻式表达,其中的细致类别和具体表达方式如表5.6所示:

表5.6 汉语情态隐喻的分类

情态隐喻类别	细致分类
1.可能性的隐喻式表达	(i)投射句,(ii)"是……的"结构,(iii)"有……"结构
2.规律性的隐喻式表达	"是……的"结构
3.强制性的隐喻式表达	(i)投射句,(ii)"是……的"结构,(iii)"有……"结构
4.倾向性的隐喻式表达	"是……的"结构

5.4 总结

本章搭建了完整的汉语语法隐喻分类体系,为随后各章的分析和未来的汉语语法隐喻研究打下了基础。本章的讨论表明一种语言的形态特征对于其语法隐喻的分类有至关重要的作用。比如我们会看到在概念隐喻中凡是和过程成分有关的分类,都必须考虑汉语动词词组的特定结构。同样的道理,在对人际隐喻进行分类时,我们也必须考虑汉语中的多种特殊结构,比如"是……的"和"有……"结构。由此可见,任何一种语言中语法隐喻的分类都必须在全面分析该语言的特征后才能进行。正因如此,本书的前面几个章节建立了汉语的系统功能分析框架,并且对汉语同语法隐喻研究相关的重要语义和语法特征进行了梳理。正是在这些工作的基础之上,本章对汉语语法隐喻具体类别的讨论才得以实现。

第六章 汉语书面语中语法隐喻的使用

第二章已经谈到,概念隐喻和人际隐喻分别在书面语和口语中得到广泛的使用。为了分析两者在汉语中的使用特征,有必要选取真实的书面语和口语语料对其进行分析。但是这一任务显然不是一个章节就可以完成的,所以实际语料分析被分成了两个章节。本章讨论的是汉语书面语中语法隐喻的使用,第七章则分析汉语口语中语法隐喻的使用。如非特别说明,本章的语法隐喻专指概念隐喻,而下一章的语法隐喻则专指人际隐喻。第四章和第五章中建立了完整的汉语语法隐喻的识别和分类框架,是本章和下一章分析的基础。以这些框架为基础,本章从汉语科技教材中选取了37个语篇作为重点分析的语料。具体的分析揭示了汉语语法隐喻的分布特征和不同类型语法隐喻之间的依存关系。同时,本章也尝试分析汉语法隐喻在不同类型语篇中的使用特征差异,说明语境和语言发展的内在关系。

6.1 语料和数据收集

书面语语料收集的过程分为两步。第一步选取最新版本的汉语理科教材作为大的语料,选取的标准是语篇的语式和语场。第二步则是从大语料中进一步抽取小语料,参考的依据是语体的分布特征。

6.1.1 汉语理科教材

为了分析汉语书面语中语法隐喻的使用,我们需要的语料必须满足一定的条件。首先是语法隐喻在该语料中要高频出现,同时语料要尽量正式,能代表典型的汉语书面语。为满足这两个条件,本书选取了汉语理科教材作为语料。下面我们对这类教材的特点做简单的描述。

6.1.1.1 汉语理科教材的特点

汉语理科教材和语法隐喻的密切关系以及这类教材自身的特点可以从语式和语场两个方面来描述。一方面,从语场的角度看,科技类语篇是专注于特定主题的写作形式,而概念隐喻在科技语篇中的分布最为广泛。

另一方面,教材是具有特定语式的出版物,它担负着传承人类知识的使命,写作的内容和形式都经过认真的设计,规范性和正式程度都非常高。在中国,教材的出版一直受到中央政府和各级地方政府教育部门的严格管理。可以说,汉语教材是最规范的汉语语言形式之一,非常能够代表汉语正式书面语的特点。

正是基于上述特点,本书选择理科教材作为分析汉语书面语中语法隐喻使用特征的语料。我们当然可以穷尽式地收集各种类型的语篇,建构全覆盖式的语料库。这样做在理论上是完全可行的,但是在实际操作中却面临着巨大的困难,所需的时间和精力都不是本研究所能承受的。更重要的是,这种全覆盖式的语料库未必比语法隐喻特征突出的语料代表性更强。这一点在随后的章节中还会谈及。

6.1.1.2 语料描述

在选定理科教材作为语料后,我们还必须设法去进一步限定其来源和范围。具体要考虑的因素包括版本、科目和等级。本书选择的是最新出版的在中学和大学里广泛使用的物理和化学教材。选择最新教材的用意很明确,就是要使语料能够反映当下汉语的特点。而同时选择物理和化学教材则是为了平衡不同科目在表述方式上的差异对语法隐喻使用特征的影响。需要注意的是,本研究没有选择科技教材中常见的数学教材,这主要是因为数学教材在表意、人际和谋篇特征上都与其他科目的教材有很大不同;而且,数学教材中含有大量的数学公式,也影响了教材中的语言表达方式(O'Halloran,2005)。

考虑教材的等级是因为语法隐喻的分布很可能会受到语言复杂程度的影响。中学使用的教材和大学使用的教材具有不同的复杂程度,这是从教材编写伊始就依据学生的不同需求确定的。同时选取不同等级的教材,可以帮助我们揭示汉语的复杂程度对语法隐喻的影响程度。本研究选择的中学教材为年龄在15岁左右的初中三年级学生使用的教材,而大学教材是年龄在18岁左右的大学一年级学生使用的教材。这样做既能拉开年龄段,同时又保证了教材具备一定的复杂程度,其中包含足够数量的语法隐喻实例。

综合上述各种因素,本书共选用了4本教材:《大学物理》(清华大学出版社2012年版)、《有机化学》(清华大学出版社2012年版)、九年级《物理》(人民教育出版社2016年版)和九年级《化学》(人民教育出版社2016年版),其中物理和化学教材各2本,中学和大学教材各2本。4本教材的字数分别为23万、20万、16万和18万左右,语料的总规模达到了约77万字。

6.1.2 小语料

有了大语料之后,我们还必须从中抽取一定数量的语篇建构小语料,使其在进行量化分析时具有可操作性。以往针对教材的语类研究表明,科技类教材中的语篇可以依据其写作目的和篇章结构划分为不同的类型(Martin,1993b;Veel,1997),其中最常见的三大语类为报告类(report)、解释类(explanation)和实验类(experiment)。这三个语类又可进一步划分为更小的类别。每一语类及其分类的语篇结构非常清楚,易于识别。本书作者利用这一特点分别从每一语类中抽取若干语篇,构成一个可以用于量化分析的小语料。

6.1.2.1 汉语科技语篇中的语类

本研究要面对的一个困难是汉语科技语篇的语类一直没有得到彻底的划分,所以缺乏一个可靠的分析框架。为了让选取语篇的过程有据可依,本书参考已有的研究,建立了一个汉语科技语篇的语类分析框架,如表6.1所示:

表6.1 科技汉语中的语类

	语类	语类结构
1	报告类/定义分类	总述∧定义
2	报告类/区别分类	总述∧区分(1—n)①
3	报告类/描述分类	总述∧特点描述(1—n)
4	报告类/构造分类	总述∧构成部分描述(1—n)
5	解释类/过程分类	现象确认∧顺序解释(1—n)
6	解释类/原因分类	现象确认∧原因解释
7	解释类/理论分类	现象确认∧理论解释
8	解释类/结果分类	现象确认∧结果解释
9	实验类/步骤分类	目的∧所需材料∧步骤
10	实验类/复述分类	目的∧事件复述∧结论
11	阐述	主题∧阐述(1—n)
12	生平	简介∧描述

---

① "1—n"表示可能重复1到n次。

表 6.1 列出了 12 个语类,其中的第 1 到 10 类是主要的类型,在理科教材中出现的频率非常高。第 11 类和 12 类比较罕见,在语料中出现的次数非常有限。表格中语类结构部分说明了各种语类中语篇各部分的组合方式。比如,在实验类/步骤分类中,语篇一般包含三大部分,即目的、所需材料和实验步骤。三个部分依次出现,符号"∧"表示两个部分紧密衔接。考虑到前 10 个语类的主体性和高频特征,本研究选取的语篇也主要来自这 10 个语类。

6.1.2.2 语料中的语类分布

本书分别从每一个语类中抽取若干语篇,构成可以用于量化分析的小语料。为了使该语料对所选课本而言更具代表性,抽取语篇的数量依据所选课本中各语类的比例关系而定。我们首先对所选课本中的全部 423 个语篇的语类逐一进行了标注,其分布结果如表 6.2 所示:

表 6.2 各语类语篇的实际数量及分布

	中学			大学		
	物理	化学	总数	物理	化学	总数
1 报告类/定义分类	20	6	**26**	19	6	**25**
2 报告类/区别分类	10	11	**21**	8	15	**23**
3 报告类/描述分类	16	30	**46**	19	38	**57**
4 报告类/构造分类	7	4	**11**	6	4	**10**
5 解释类/过程分类	12	8	**20**	13	21	**34**
6 解释类/原因分类	7	5	**12**	7	10	**17**
7 解释类/理论分类	7	4	**11**	25	9	**34**
8 解释类/结果分类	8	11	**19**	5	7	**12**
9 实验类/步骤分类	8	12	**20**	2	1	**3**
10 实验类/复述分类	4	8	**12**	7	3	**10**
总数	99	99	**198**	111	114	**225**

如表 6.2 所示,中学和大学课本中特定语类的分布并不平均。比如大学课本中解释类/理论分类的语篇数量明显高于中学课本,而中学课本中实验类/步骤分类的比例则偏高。这恰好反映了大学课本重理论、中学课本重实验和过程描述的特点。科目也是一个重要影响因素。化学课本中的报告类/描述分类语篇的数量高于物理课本。相应地,物理课本中报告

类/定义分类的比例则较高。这可能是由于不同科目讲授知识的重点不同。重要的是,表6.2中的数据可以帮助我们确定所选课本中各语类语篇在数量上的比例关系。将表6.2中的黑体数字进一步处理会得出一个更清楚的教材中各语类的分布比例,如下表所示:

表6.3 各语类语篇的分布比例

语类		中学	大学
报告类	定义分类	2	2
	区别分类	2	2
	描述分类	4	5
	构造分类	1	1
解释类	过程分类	2	3
	原因分类	1	1
	理论分类	1	3
	结果分类	2	1
实验类	步骤分类	2	0
	复述分类	1	1

6.1.3 分析对象

表6.3中的数字是近似的计算结果,但是已经能够很好地反映所选教材中各语类分布的总体情况。本研究最终抽取的各语类语篇的数量同表6.3中的数字一致,总计37篇。综上所述,本研究涉及大小两个语料,大语料包括4本教材,用于确定汉语中语法隐喻的具体分类,并提供具体分析中的所有实际例证。小语料则包括从4本教材中按语类分布比例抽取的37个语篇,用于针对性的量化分析。在37个语篇中,有18个选自中学课本,另外19篇来自大学课本。中学课本中的语篇涵盖了表6.3中所列出的所有的10个语类,而大学课本语篇只涉及其中的9个语类。另外,37个语篇中有19个是报告类语篇,还有14个是解释类语篇。语料中这两类语篇类型的划分,为进一步分析汉语语法隐喻同语类的关系提供了有力的保障。

6.2 语料处理

语料的处理分为两个步骤:1)语法隐喻实例的识别;2)语法隐喻使用

的统计。第一个步骤包括单独实例的识别和隐喻集合体的识别,依据的标准是在第四章和第五章建立的分析框架。这些框架也同样在实际的语料分析中得到了检验。第二个步骤的统计工作采取的是穷尽式的计算,每个类型的语法隐喻实例都计算在内。经过统计,小语料中一共有 862 个小句,包含 912 个概念隐喻的实例。各语篇中语法隐喻的使用程度通过语法隐喻数量和小句数量的比例关系来确定。

6.2.1 语法隐喻的识别

语法隐喻识别的第一步是将选定的语篇切分成小句,然后将小句切分为不同的语法成分。成分切分的依据是在第三章里建立的汉语功能分析框架。而在小句中识别语法隐喻的标准则同第四章的内容有关。至于不同类别和分类别语法隐喻的标注,则完全按照第五章中的分类方法进行。除了第一步的小句切分,其余各步都是利用 *Systemics* 1.0 这一软件完成的。该软件由 Kay O'Halloran 和 Kevin Judd 在 2002 年开发,用于英语的系统功能分析。为了将其运用到汉语分析中,作者对该程序中的语法树进行了大规模的修改,使其能够满足分析汉语语法特征的需求。

不同类别的语法隐喻常常由于各种原因集中在一起出现,这就涉及语法隐喻集合体的识别。因此,本章的一项重要工作是通过分析实际的语料,观察汉语中该集合体的使用特点和分布情况。为此,本研究提出了识别汉语中语法隐喻集合体的具体方法,为以后的研究打下了基础。从这个意义上讲,语法隐喻集合体的识别和分类延伸了第四章和第五章的内容。

6.2.2 语法隐喻使用的统计

统计的过程是按照组别、类别和分类别的顺序进行的。这一统计顺序能帮助我们描绘出汉语中语法隐喻使用的整体画面。统计的第二步是语法隐喻集合体使用情况的统计。这一步能帮助我们确定汉语中不同类别语法隐喻的内在联系,以及各类语法隐喻的重要程度。统计工作的最后一步就是分析不同类型的语篇中语法隐喻现象的分布特征,进而揭示语境和语言复杂程度变化对语法隐喻使用的影响。

在统计分析中,有两点是特别值得注意的。第一,并不是每一个语法隐喻的实例都会被纳入统计范围。Ravelli(1985)很早就注意到,有一些表达方式虽然可以称为语法隐喻,但是基本上已经固化,拓展语义的功能已经基本上消失了。由于汉语中也存在着类似的情况,本研究在进行统计时并没有将一些固化的表达纳入计算范围。第二,语法隐喻现象可能出现嵌套式的表达,也就是一个隐喻式表达包含在另一个隐喻式表达之内。在本研究中,所有的嵌套式表达都被算作是一个语法隐喻的实例,只计算一次。

6.3 发现与分析

6.3.1 汉语中语法隐喻的分布特征

6.3.1.1 各类语法隐喻的分布

在上一节中提到,我们借助语体理论从所选教材中抽取了 37 个语篇用于量化分析。本研究首先将这些语篇按照功能语法的体系切分为小句(Clause)并划分小句中各语法成分的功能。随后,按第五章中的框架确认语法隐喻实例并为其标注类别。37 个语篇被划分为 862 个小句,共包含 989 个不同类型的语法隐喻实例。所有实例按照第五章中的语法隐喻分类方法进行了进一步的区分。所有的 13 类语法隐喻中,最后两类属于其他类别的附属形式,因此,具体统计中只是呈现了前 11 类语法隐喻的使用情况,共 912 个实例。语料中语法隐喻类别的分布情况和各类的比例关系分别如图 6.1 和表 6.4 所示:

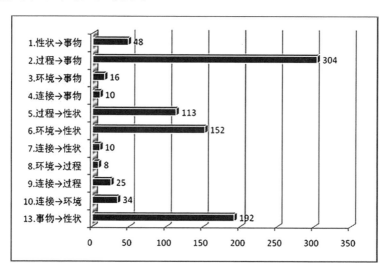

图 6.1 汉语中各类语法隐喻的数量分布

表 6.4 汉语中各类语法隐喻的比例关系

重现率	类别	比例(%)
高重现率	2.过程→事物	33.33
	13.事物→性状	21.05
	6.环境→性状	16.67
	5.过程→性状	12.39
低重现率	1.性状→事物	5.26
	10.连接→环境	3.73
	9.连接→过程	2.74
	3.环境→事物	1.75
	7.连接→性状	1.10
	4.连接→事物	1.10
	8.环境→过程	0.88

图 6.1 和表 6.4 中的数据表明汉语中的 11 类语法隐喻在数量分布上很不平均。其中比较显著的特点是所有 11 类语法隐喻可以按重现率的高低分为两组。高重现率一组包括第 2、5、6、13 类，语料中实际出现次数都大于 110；而其他类别的重现率则明显偏低。高重现率一组中的功能转移都指向"事物"或"性状"，而表达这两类功能的语法成分是汉语中名词词组的主要构成部分。考虑到高重现率一组不包括任何一类同"连接"功能相关的语法隐喻，我们推测汉语中出现比较频繁的语法隐喻主要产生于小句到名词词组的语法降阶过程。吕叔湘先生在《中国文法要略》(1982)中对汉语中句子到词组的转换有过详细的讨论。他认为一个叙事句转成词组可以用谓语动词做端语，也可以用起词、止词和补词做端语。考虑到补词做端语的情况主要出现于构词中，汉语中主要的三种叙事句到词组的转换分别以谓语动词、起词和止词做端语。这三种情况以系统功能语法的术语可以描述为小句向词组降阶的三个模式，如图 6.2 所示。

图 6.2 表明高重现率一组中的四类语法隐喻全部被涵盖在这三种模式中，由此我们可以认定现代汉语中的语法隐喻主要发生在小句向名词词组转换的过程中。这一发现也可以解释何以四类同"连接"功能有关的语法隐喻均属于低重现率一组，其根本原因就在于汉语中复合句降为小句甚至词组的情况相对较少发生。在科技语域中，对事物进行分类描述和推进逻辑分析是两种最重要的表达方式。名词词组形式的语法隐喻和涉及"连

接"功能的语法隐喻分别是这两种表达方式的具体体现(Halliday,1998)。从这一点我们不难看出,现代汉语中的语法隐喻主要被用于事物分类描述,而"固化"逻辑关系还不是汉语中语法隐喻的主要目的。

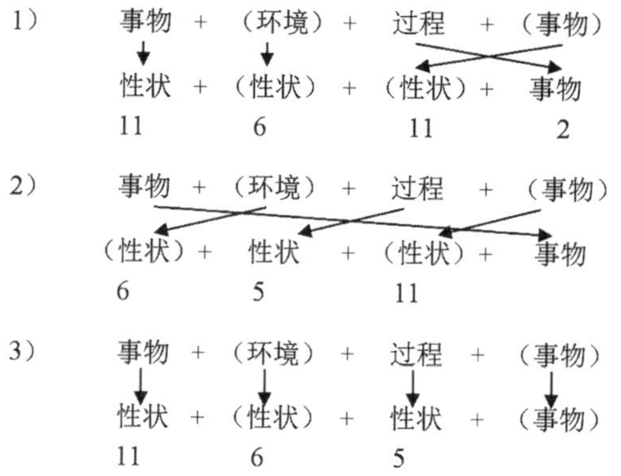

1)　事物　+　(环境)　+　过程　+　(事物)
　　↓　　　　↓　　　　　　　　　　
　　性状　+　(性状)　+　(性状)　+　事物
　　11　　　　6　　　　　11　　　　2

2)　事物　+　(环境)　+　过程　+　(事物)
　　　　　　　　　　　　　　　　
　　(性状)　+　性状　+　(性状)　+　事物
　　6　　　　　5　　　　　11

3)　事物　+　(环境)　+　过程　+　(事物)
　　↓　　　　↓　　　　↓　　　　
　　性状　+　(性状)　+　性状　+　(事物)
　　11　　　　6　　　　　5

图 6.2　汉语中叙事句向名词词组转换的三种模式

除去同"连接"功能有关的四类语法隐喻,低重现率一组中还有三类语法隐喻,即第 1 类"性状→事物",第 3 类"环境→事物"和第 8 类"环境→过程"。第 1 类语法隐喻较少出现同汉语表达事物性状的方式有关。Halliday and Matthiessen(1999)指出汉语更倾向于以句子而非词组的形式来描述事物的性状。即使汉语中的形容词谓语句被转化为词组,其中用于描写性状的形容词也大多会被转化为名词词组中的修饰成分,如"那个人很胖",经常被转化为"那个很胖的人……"。汉语中这种描述性状的方式导致"性状→事物"出现的频率偏低。

"环境→事物"和"环境→过程"的低重现率都同汉语中表达"环境"语义的语法成分的特点有关。汉语中"环境"语义的表达主要是通过介词词组和副词来实现的。副词通常和"事物"及"过程"功能的表达无关,而介词词组涉及这两种功能的情况也相对较少。介词词组中的名词成分有时会被抽出,单独转化为事物的表达,但仅限于少数情况(吕叔湘,1982)。汉语中的介词和动词在词源学上有密切关系(Chao,1968)。有时会有小句中的介词词组被扩写成小句复合体中小句的情况,这种语法变换不属于语法隐喻的范畴。

通过对汉语中不同类型语法隐喻重现率高低的分析,我们可以看到汉语中该现象的两极化分布的特点并非出于偶然。一类语法隐喻在汉语中重现率的高低同该语言在语义层和语法层的某一种或某几种特点密切相关。Yang(2008)的研究也表明特定类别的语法隐喻在英汉两种语言中的重现率存在着明显的差异。这些差异可以通过对比分析两种语言的有关特点得到解释。

6.3.1.2 语法隐喻类别分组

不同类别的语法隐喻可以依据语义功能的不同进行分组,这一点在第五章中已经有所提及。Halliday(1998)认为语法隐喻的两大语义功能是概念化和逻辑化,其中的概念化主要依赖将其他语义事物化,而逻辑化主要的形式是压缩逻辑关系。由此,我们可以依据事物化程度和逻辑化程度这两个方面的特征对汉语语法隐喻进行描述。

A. 事物化程度

在第五章中,汉语语法隐喻被分为六组,即:1)以事物为指向的转移;2)以性状为指向的转移;3)以过程为指向的转移;4)以环境为指向的转移;5)以修饰语为指向的转移;6)无一致式表达隐喻。在事物化的分析中,我们只需要考虑前四组,后两组不在考虑范围之内。这样做的原因在于,后两组语法隐喻的指向同事物化相反,而且这两组语法隐喻只起到辅助功能。在前四组语法隐喻中,事物化的程度是逐渐降低的,其中程度最高的是第一组。所有六组语法隐喻在语料中的出现频率如表6.5所示:

表6.5 不同组别语法隐喻的分布情况

	第一组	第二组	第三组	第四组	第五组	第六组
数量	378	275	33	34	192	77
百分比(%)	38.22	27.80	3.34	3.44	19.41	7.79

从表6.5中的数据我们不难看出,事物化程度最高的第一组和第二组语法隐喻的出现频率也最高,两组语法隐喻的总比例甚至达到了约66%,其中第一组语法隐喻的比例就达到了38%。换言之,有三分之一强的语法隐喻实例是属于第一组的,以事物为最终移动指向。Ravelli(1985)的研究表明英语语法隐喻中,事物化的比例也达到接近三分之一。这两个类似的比例并不能简单理解为汉语和英语中以事物化为指向的语法隐喻比例相近或相同,但是这两个发现表明,以事物为指向的语法隐喻绝对是该现象的主体构成部分。在第八章中,我们还会对英语和汉语中的事物化语法隐喻使用程度做进一步分析。第二组语法隐喻的高重现率可以看作是第一组高重现率的衍生效果。事物化的过程中,名词词组的核心词需要大量的性状成分来修饰,从而导致了第二组语法隐喻的高重现率。

Halliday and Matthiessen(1999:264)认为:"事物是最易于分类的,

其次是性状,再其次是过程,最后是环境成分和连接成分。"而语法隐喻的分类功能和第一组及第二组语法隐喻是直接相关的。考虑到这两组语法隐喻的高重现率,我们可以说汉语中的大多数语法隐喻是同事物化有关的。

B. 逻辑化程度

正常情况下,逻辑关系是由连接成分将两个事件过程衔接起来实现的。但连接成分转化为其他成分时,其表达的逻辑关系也同时被压缩在其他成分中。在这种情况下,最终的表达成分就带有了逻辑化的特征。以连接成分为出发点的语法隐喻在汉语中出现的比例相对比较低。本研究分析的语料中只出现了 79 次,比例在 8% 左右,这意味着逻辑化的语法隐喻对该现象的整体贡献率是偏小的。但这并不说明逻辑化的语法隐喻的重要性不高,相反,这种形式的语法隐喻往往是其他类型的背后推动力。而且,这种语法隐喻同其他隐喻式的关联也非常地密切,这一点下面就会谈到。

6.3.1.3 各类语法隐喻细分

第五章对所有的语法隐喻类型都进行了细分,依据的是具体的语法形式的转换。比如,性状语义可以由性质词和属性词来实现,以性状成分为起点的语法隐喻就有可能有两种分类别。本研究对不同分类别的语法隐喻也进行了统计分析,以揭示汉语语法隐喻的深层次特征。

作者首先统计了第 1 类语法隐喻"性状到事物"的两个分类,即 1)"性质到事物"和 2)"属性到事物"的分布情况。在所有的 48 个第 1 类语法隐喻中,第 1)分类有 18 个,而第 2)分类有 30 个。这一观察结果支持了第 5.2.1 节中关于汉语中从属性到事物的语法转移使用频率更高的猜测,其背后的原因还在于汉语比较倾向于使用属性来表达事物的性状。

我们同样可以预测同过程有关的语法隐喻中以"事件"和"事件+拓展"为起点的语法转移会占有较高的比例。能够做出该预测是因为"事件"和"拓展"是过程成分的主要实现方式。在分析了本章选择的语料后,这一预测得到了证实。在第 2 类(过程到事物)语法隐喻中,有 273 例是以"事件+拓展"和"事件"为起点的,而以"辅助"为起点的语法转移只有 31 例。而在 113 个第 5 类(过程到性状)语法隐喻中,有 110 个是以"事件+拓展"和"事件"为起点的,依旧为绝大多数。

由于环境成分包含多达八种小的类别,其隐喻式表达的特征更加复杂。在第三章,我们曾经将环境成分按照结构特征分为三组。不同组别的环境成分同语法隐喻类别之间有密切的配合关系,如表 6.6 所示:

表 6.6 环境成分和语法隐喻类别的配合关系

环境成分分组	语法隐喻类别		
	第 3 类 (环境→事物)	第 6 类 (环境→性状)	第 8 类 (环境→过程)
1a. 介词＋名词＋后缀(处所)		＋	
1b. 介词＋名词(原因、来源、相关、工具、对比、伴随、处所)	＋	＋	＋
2. 副词(方式)		＋	

表 6.6 表明只有"介词＋名词"形式的环境成分在所有三类语法隐喻中都出现。从另一个角度看,只有第 6 类语法隐喻涉及所有形式的环境成分。从数量上看,拥有不同结构特征的三组环境成分在语法隐喻中的出现率基本相当,分别为 55、54 和 67 例。从语义分类上看,表达处所和方式语义的环境成分出现得比较频繁。

本研究对汉语语法隐喻进行更细致的分类和统计,目的就在于揭示其深层次的特征,帮助我们了解汉语中的隐喻式表达到底引起了哪些语义和语法结构上的改变。上述的各类特征从本质上讲都是由汉语的语言类型学属性决定的。可以预见的是,在其他语言中这些特征会因相关语言的特点而发生变化。

6.3.2 语法隐喻集合体

到目前为止,我们一直在讨论汉语语言学的个体特征,事实上,大量的汉语语法隐喻实例是以集合体的形式出现的。本节要对这一现象进行分析,首先我们需要确定汉语语法隐喻集合体的类别,然后对其进行统计分析,说明其使用特征。

6.3.2.1 集合体的识别

汉语语法隐喻共有 13 类,其中的一部分可以独立存在,其他类别则会以集合体的形式同时出现。这些集合体出现在两种情况之下:1)从构型列(Sequence)到构型(Figure)的语义单位转移;2)从构型到要素(Element)的语义单位转移。在本研究中,前者被称为高阶转移,后者被称为低阶转移。由于低阶转移时集合体的情况会相对简单一些,我们就从这里入手来展开讨论。

A. 低阶集合体

有些类别的语法隐喻起到了关键性的推动作用,成为其他类别语法隐喻出现的背后推动力量。在低阶集合体中起推动作用的是第1类(性状→事物)、第2类(过程→事物)和第5类(过程→性状)语法隐喻。下面按照它们的重要程度依次加以说明。

1) 以第2类为核心的集合体

以第2类为核心的集合体通常以13)+6)+2)的形式出现,其中的第6类可选择。由于可以分为更细致的类别,这种集合体的形式可以很复杂,精确表述为13i/13ii/13iii)+6i/6iii)+2i)。这里举出的是一个最典型的例子:

(1) 13i)+6iii)+2i)

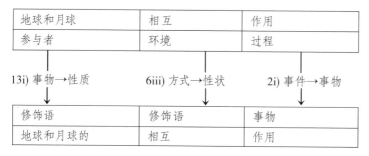

2) 以第5类为核心的集合体

这类集合体的基本形式是6)+5)。在很多情况下,第13类也会加入其中,出现13)+6)+5)这样的形式。如果考虑更细致的分类,其形式应表述为13i)+6i)+5i/5ii),如例(2)所示:

(2) 13i)+6i)+5ii)

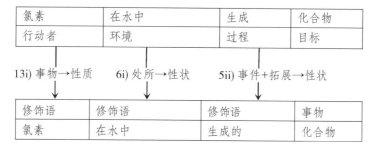

3) 以第1类为核心的集合体

以第1类为核心的集合体出现在从关系过程到名词词组的转换中,其基本结构是13)+1),最常见的形式如例(3)所示:

(3) 13i)＋1ii)

碱金属的性质	不同
载体	属性/过程

修饰语	事物
碱金属性质的	差异性

B. 高阶集合体

高阶集合体出现的情况是构型列被转移为构型和名词词组。这一转移方向的关键是逻辑关系的压缩,语义成分转移的起点都是"连接"成分。其中关键的类别是第 4 类(连接→事物)、第 7 类(连接→性状)、第 9 类(连接→过程)和第 10 类(连接→环境)语法隐喻。有关的高阶集合体也是以这几类语法隐喻为核心展开的。

1) 以第 4 类为核心的集合体

这类语法隐喻通常用来说明两个成分之间的因果关系,基本的形式如下:

```
13)＋6)＋2) ⎫
13)＋6)＋5) ⎬ ＋ (嵌入句) ＋ 4)
    13)＋1) ⎭
```

以第 4 类为核心的集合体中常常可以包含若干个低阶集合体。在这种形式下,第 4 类之前通常会出现一个嵌入式的小句作为修饰语。其实例如下:

(4)

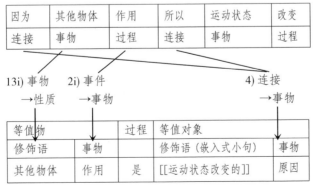

2) 以第 9 类为核心的集合体

以第 9 类为核心的集合体出现频率非常高。基本的表现形式如下：

```
13)+6)+2) ╲           ╱ 13)+6)+2)
13)+6)+5) ── +9)+ ── 13)+6)+5)
13)+1)    ╱           ╲ 13)+1)
```

以第 9 类为核心的高阶集合体中可以包含所有的低阶集合体，如例(5)所示：

(5)

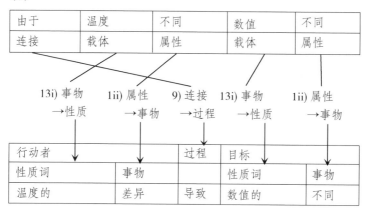

3) 以第 7 类为核心的集合体

在这类集合体中，连接成分被实现为名词词组中的性质词，而且会包含各种类型的低阶集合体。由于汉语名词词组中的修饰语必须出现在被修饰成分之前，所以第 7 类语法隐喻出现在低阶集合体之前。其结构如下：

```
        ╱ 13)+6)+2)
7) + ── 13)+6)+5)
        ╲ 13)+1)
```

该结构表明第 7 类语法隐喻其实是作为连接成分存在，在该类语法隐喻前可能出现一个嵌入式的小句作为修饰语。其形式如例(6)所示：

(6)

平衡常数	变化	所以	温度	有	影响
行动者	过程	连接	行动者	过程	目标

      7) 连接 13i) 事物 2i) 事件
      →性状 →性状 →事物

(嵌入式小句)	修饰语	修饰语	事物
平衡常数变化	导致的	温度	影响

4) 以第 10 类为核心的集合体

第 10 类语法隐喻是指从连接成分到环境成分的变化,会导致从主动词到介词的变化。由于第 10 类语法隐喻出现在低阶集合体之前,所以这类集合体的形式如下:

$$10) + \begin{cases} 13) + 6) + 2) \\ 13) + 6) + 5) \\ 13) + 1) \end{cases}$$

这里用第 10 类语法隐喻的一个分类别构成的集合体作为实例来说明其结构特征。

(7)

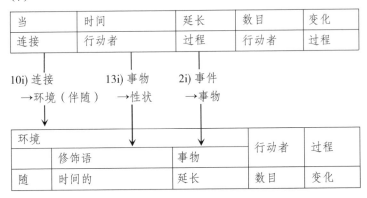

上述对于高阶语法隐喻集合体的描述说明其复杂程度远高于低阶集合体。其中一个重要的原因就是高阶集合体中往往包含着低阶集合体。事实上,高阶集合体的分析在某种程度上是依赖于低阶集合体的分析。但是值得注意的是,包含在高阶集合体中的低阶集合体并没有独立的地位,它们的出现其实是高阶语义转移的衍生体。在本研究中,高阶和低阶语法

隐喻集合体是分别进行处理和统计的,并没有被混为一谈。

对上述关于高阶和低阶语法隐喻集合体的讨论加以总结,我们会得到下面这样一个表格:

表 6.7 汉语中的语法隐喻集合体

语法隐喻集合体		结构
低阶	以第 1 类为核心	13) + 1)
	以第 2 类为核心	13) + 6) + 2)
	以第 5 类为核心	13) + 6) + 5)
高阶	以第 4 类为核心	13) + 6) + 2) 13) + 6) + 5) ── + 4) 13) + 1)
	以第 7 类为核心	7) + ── 13) + 6) + 2) 13) + 6) + 5) 13) + 1)
	以第 9 类为核心	13) + 6) + 2) ── 13) + 6) + 2) 13) + 6) + 5) ── + 9) + ── 13) + 6) + 5) 13) + 1) ── 13) + 1)
	以第 10 类为核心	10) + ── 13) + 6) + 2) 13) + 6) + 5) 13) + 1)

6.3.2.2 集合体统计

为了了解汉语语法隐喻集合体的使用情况,有必要对语料中该现象的出现频率进行统计。表 6.8 中列出的是语料中各种类型语法隐喻集合体的出现频率。

表 6.8 汉语语法隐喻集合体的分布

集合体类别		数量	百分比(%)
低阶	以第 1 类为核心	36	14.00
	以第 2 类为核心	123	47.86
	以第 5 类为核心	19	7.39
高阶	以第 4 类为核心	10	3.89
	以第 7 类为核心	10	3.89
	以第 9 类为核心	34	13.23
	以第 10 类为核心	25	9.74
总计		257	100

表 6.8 清楚地展示了汉语中语法隐喻集合体的使用频率。在低阶集合体中,以第 2 类为核心的语法隐喻占了非常大的比例,几乎达到了一半;而在高阶集合体中,以第 9 类为核心的集合体是比例最高的。从这两个数据我们不难看出,"过程→事物"和"连接→过程"是语法隐喻集合体的主要推动力量。前者是名词化的主要形式,而后者是逻辑化的主要形式。所以,语法隐喻集合体的两大主题依然是名词化和逻辑化。这两类集合体的高出现率也向我们揭示了语法隐喻的另外一个事实,就是语法隐喻类别的重要性不能仅仅由数量决定。第 9 类语法隐喻本身的数量并不占绝对优势,但是它却成为集合体的主导力量之一。考虑到高阶集合体中包含了大量的低阶集合体,第 9 类语法隐喻的重要性远不是其本身数量所能体现的。

另外一个重要事实是在表 6.8 中体现不出来的。在高阶集合体中包含着大量的低阶集合体,数量达到了 195 个,这些集合体并没有计入表 6.8 中。换言之,隐含的低阶集合体数量已经超过了独立的低阶集合体数量。从这个角度看,主导高阶集合体的逻辑化现象在汉语语法隐喻中的贡献远超我们的想象。综上所述,我们会发现对于语法隐喻集合体的分析改变了我们对语法隐喻使用的最初印象。很多深层次的特征只有在集合体的分析中才会逐渐得以呈现,这也正是语法隐喻集合体分析的价值所在。

6.3.3　语体和语言复杂度对汉语语法隐喻的影响

到目前为止,我们一直将语法隐喻作为一个孤立的语言现象加以讨论。事实上,第二章的已有研究回顾表明语法隐喻的使用同语境的变化和语言的复杂程度有莫大的关系。为了探索这种复杂的关系,本章在选择语料时特别考虑了语体的变化和语言复杂等级的差异。本节首先分析报告语体和解释语体中语法隐喻的使用差异,借以说明语体变化对语法隐喻的影响。随后作者对比了中学课本和大学课本中语法隐喻的使用差异,揭示语言复杂等级的差异和语法隐喻使用的关系。

6.3.3.1　语法隐喻和语体

第二章中我们提到,语法隐喻的使用受到语境的极大影响。语境分为两个层级,即情景语境(context of situation)和文化语境(context of culture),其表现形式分别为语域(register)和语体(genre)(Halliday and Matthiessen, 1999)。已有语法隐喻研究关注更多的是情景语境,集中讨论语域的三大要素,即语场(Field)、语式(Mode)及语旨(Tenor)和语法隐喻的关系。相对而言,前人研究对文化语境关注不够,极少谈及语体变化对语法隐喻的影响。

本章在选择语料时对其来源进行了控制,14 个语篇来自解释语体,还有 19 个语篇来自报告语体。通过对比解释语体和报告语体中语法隐喻的使用情况,我们可以分析文化语境对语法隐喻的影响。具体分析中,本章将这两类语篇分为两组,进而分别统计这两组语料中的每个语篇中语法隐喻的使用程度。该程度的计算方式为特定语篇中语法隐喻总数量和小句总数量的比值。表 6.9 是统计的结果:

表 6.9 报告语体和解释语体中的语法隐喻使用程度

第一组（报告语体）				第二组（解释语体）			
编号	语法隐喻数量	小句数量	隐喻使用程度	编号	语法隐喻数量	小句数量	隐喻使用程度
1	32	25	1.28	1	31	17	1.82
2	37	22	1.68	2	39	30	1.30
3	20	30	0.67	3	21	16	1.31
4	26	34	0.76	4	29	15	1.93
5	21	21	1.00	5	32	15	2.13
6	41	20	2.05	6	47	33	1.42
7	39	28	1.39	7	22	16	1.38
8	13	25	0.52	8	34	23	1.48
9	33	25	1.32	9	27	23	1.17
10	27	23	1.17	10	33	27	1.22
11	29	33	0.88	11	44	25	1.76
12	27	22	1.23	12	18	17	1.06
13	17	22	0.77	13	19	11	1.73
14	17	23	0.74	14	35	17	2.06
15	35	31	1.13				
16	22	23	0.96				
17	31	29	1.07				
18	17	26	0.65				
19	15	38	0.39				

表 6.9 中的统计结果表明,33 个语篇中的语法隐喻使用程度差别明显,从 0.39 到 2.13 不等。换言之,有的语篇中语法隐喻的数量可以达到每一个小句中有两个,而较少的则是平均两个小句才会出现一个语法隐喻。为对比两组语篇中语法隐喻使用程度的差别,作者对统计结果进行了

分析。由于统计只涉及两组数据,总量都偏小,而且数据呈现正态分布,因此作者使用 t-test 来分析两组数据的差别。待检验的虚无假设为两组数据之间不存在差别,显著水平设定为 0.05。统计结果如表 6.10 所示:

表 6.10　不同语体语料中语法隐喻使用的 t-test 结果

t-test: Two-Sample Assuming Equal Variances		
	Variable 1	*Variable* 2
Mean	1.037765789	1.557935714
Variance	0.165129667	0.120615427
Observations	19	14
Pooled Variance	0.146462405	
Hypothesized Mean Difference	0	
df	31	
t Stat	−3.85892205	
P(T<=t) one-tail	0.000269916	
t Critical one-tail	1.695518742	
P(T<=t) two-tail	0.000539832	
t Critical two-tail	2.039513438	

如表 6.10 所示,t-test 的理论值为 1.696,而计算所得的 3.859 远大于所需的理论值,虚无假设不成立。同时,计算值为负数,说明解释语体一组数据的平均值远大于报告语体一组的平均值。从这里我们不难推断,汉语书面语中语法隐喻的使用确实受到了语境改变的影响。

解释语体中语法隐喻使用量多于报告语体的原因可能在于两者的表达目的不同。Martin(1993b)认为报告语体的主要任务是描述世界的构成特征,而解释语体则要说明形成这些构成特征的背后原因。由于要精确地表达各种特征,报告语体中占优势的是名词化趋势。解释语体则更注重事物之间的关联,因而逻辑化是其最大特征。在上一节的分析中我们已经看到,逻辑化通常伴随着大量的语法隐喻,这可能就是统计分析表明解释语体中的语法隐喻使用程度高于报告语体的内在原因。

语法隐喻使用程度和语境变化的关系是一个大的课题,需要分析大量和多类型的语料才能得出更为可靠的结论。这当然不是本书体量所能支撑的。但是,我们也应该看到,即便是使用本书中的有限语料,已经可以梳理出两者关系的一些线索,为未来的更大规模研究埋下伏笔。

6.3.3.2　语法隐喻和语言复杂度

有关研究表明语法隐喻的使用量是随儿童语言的发展而增加的

(Derewianka,1995；Painter,2003；Torr and Simpson,2003)。但是,迄今为止还没有针对成人阶段不同复杂程度的语篇中语法隐喻使用程度的量化分析。本研究涉及的语料选自中学和大学课本,这使我们有条件借助统计学方法初步探索汉语中语法隐喻同语言复杂程度的关系。具体而言,组成语料的37个篇章中有19篇选自大学课本,18篇选自中学课本。如果把这些不同来源的语篇看作是两组统计学样本,我们可以比较它们所代表的不同复杂程度的汉语在语法隐喻使用程度上是否存在差异。以往的研究通常把一个语篇中语法隐喻实例的数量和小句数量的比值作为该语篇语法隐喻使用程度的量化表示(Ravelli,1985)。依据该方法,两组样本中每个语篇的语法隐喻使用程度列表如下:

表6.11 不同等级语料中语法隐喻的使用程度

第一组(大学)				第二组(中学)			
编号	语法隐喻数量	小句数量	隐喻使用程度	编号	语法隐喻数量	小句数量	隐喻使用程度
1	31	17	1.82	1	29	31	0.94
2	29	25	1.16	2	19	23	0.83
3	30	15	2.00	3	14	15	0.93
4	35	22	1.59	4	28	33	0.85
5	47	33	1.42	5	33	25	1.32
6	28	23	1.22	6	20	25	0.80
7	19	16	1.19	7	17	22	0.77
8	19	30	0.63	8	26	22	1.18
9	14	17	0.82	9	25	23	1.09
10	25	34	0.74	10	16	11	1.45
11	21	21	1.00	11	15	20	0.75
12	32	23	1.39	12	9	21	0.43
13	27	15	1.80	13	33	27	1.22
14	38	30	1.27	14	29	29	1.00
15	34	20	1.70	15	15	23	0.65
16	34	28	1.21	16	30	17	1.76
17	17	16	1.06	17	16	17	0.94
18	17	25	0.68	18	14	26	0.54
19	33	25	1.32				

在具体的统计学分析中，两组样本分别代表大学课本和中学课本中的语篇。所建立的虚无假设为两组样本语法隐喻使用程度的整体平均数相同。由于样本数量较小，我们用单边 t-test 来验证该虚无假设。t-test 理论值的显著性水平为 0.05。计算结果如下表所示：

表 6.12　不同等级语料中语法隐喻使用的 t-test 结果

t-test：Two-Sample Assuming Equal Variances		
	Variable 1	Variable 2
Mean	1.264210526	0.969444444
Variance	0.156947953	0.107793791
Observations	19	18
Pooled Variance	0.133073074	
Hypothesized Mean Difference	0	
df	35	
t Stat	2.456657454	
P(T<=t) one-tail	0.009563122	
t Critical one-tail	1.68957244	
P(T<=t) two-tail	0.019126243	
t Critical two-tail	2.030107915	

如表 6.12 所示，计算所得 t 值为 2.457，大于单边 t 检验在 0.05 级的理论值 1.690，虚无假设不成立。加之计算 t 值为正值，所以第一组样本所代表的大学课本比第二组样本所代表的中学课本拥有更高的语法隐喻使用程度。鉴于大学课本的语言复杂程度明显高于中学课本，这一结果表明汉语语篇中语法隐喻的使用程度确实会受到语言复杂程度的影响。本研究所选择的语料来自中学和大学课本，复杂程度相对比较接近。未来研究中如果能够选择复杂程度差异更大的语料进行对比分析，相信可以更加全面地揭示语法隐喻现象和语言复杂度的内在联系。

大学课本中语法隐喻高频率出现的原因可能同"技术性知识"不断增加的过程有关。Halliday (1999) 认为儿童在小学阶段的主要知识学习过程是围绕名词来建构过程和性状语义。在中学阶段，如何建构逻辑关系成了知识学习的主要形式。而到了大学阶段，获得"技术性知识"的要求变得更高，名词化和逻辑化表达出现的频率也更高。正是由于这种学习需求的差异，大学课本里"技术性知识"的数量远高于中学课本，这也导致了大学课本里语法隐喻的出现频率高于中学课本。

6.4 总结

本章对汉语书面语中语法隐喻的使用进行了全面细致的分析,所依赖的基础是由汉语理科教材构成的大语料以及从大语料中精心筛选的 37 个语篇构成的小语料。这种以真实语料分析为基础的讨论主要是为了确保研究结论的真实可靠。本章的分析结果表明汉语书面语中的语法隐喻分布无论在哪个层面都呈现出了很大的不平衡性。在 13 个大的类别中,以事物和性状为指向的转移所占的比重明显较大,几乎是全部使用量的一半。但是汉语中语法隐喻使用的特征不能仅仅由数量来说明。当以语法隐喻集合体为对象进行统计分析时,本研究发现一些数量并不占优势的语法隐喻类型其实是表达形式变化的主要动力。这类语法隐喻中最具代表性的是以"连接"成分为起点的语义转移。它们的数量并不占优势,但是起到统帅和牵引的作用。本章的分析还表明汉语中语法隐喻的分布特点同汉语本身的语言类型学特征有密切关系。这一点在针对 13 类语法隐喻的分类别研究中表现得更为清楚。比如,凡是以"环境"成分为出发点的语义转移中,"环境"成分中的事件和拓展都占有绝对的优势。这主要是由汉语介词词组的特殊结构造成的。因此,任何一种语言中的语法隐喻分析都必须将该语言自身的特点作为主要的考虑因素。

本章还利用来源不同的语料探索了汉语中语法隐喻使用和语体变化以及语言演进的关系。就语体的影响而言,语法隐喻的使用确实受到了不同表达目的的制约。分别以解释和说明为目的的语体中,前者的语法隐喻的使用程度明显偏高。语言复杂度对语法隐喻的使用程度也有明显影响,其基本趋势是语法隐喻使用程度随语言复杂度增大而提升。本章使用的语料规模较小,但是也能够在一定程度上说明汉语中的语法隐喻的使用情况如何受到语境和语言演变的影响。未来多类型大规模语料的运用,一定可以揭示语法隐喻使用情况更多的特征。

第七章 汉语口语中语法隐喻的使用

本章分析汉语口语中语法隐喻的使用特征。口语中频繁出现的语法隐喻类型主要是人际隐喻。如非特别说明,本章所提到的语法隐喻都是特指人际隐喻。相较于书面语,汉语口语中的语法隐喻分析难度更大,这主要有两个原因。第一,口语中的语法隐喻是先前研究的空白区域,缺乏系统化的分析框架。这就意味着本研究必须从建立分析框架入手,完成许多开创性的工作。第二,本章的研究内容需要使用大量的口语语料,以开展针对性的实证分析。成熟的大型汉语口语语料库十分缺乏。而且,口语语料的收集和整理要远比书面语语料的处理难度大。这些都为本章研究带来了不少实际困难。

建立口语中语法隐喻分析框架的努力是以第四章和第五章的相关内容为基础的,而收集和分析口语语料的问题则要在本章内解决。在上一章书面语语料的选择过程中,作者采用了分级处理的方法,即先收集大语料再收集小语料。这一思路在本章中依旧得到了贯彻,汉语口语语料也分为大小两个层级。

7.1 语法隐喻与口语

我们知道语法隐喻现象出现的内在动力是人类不断扩充语义表达范围的需求。同书面语相比,口语在语义扩充方面所面临的压力更大。这主要是因为口语表达更加短促和频繁,稳定性远不如书面语。为了分析汉语口语中的语法隐喻现象,我们首先要了解书面语和口语之间的具体差别,以及这些差别如何影响语法隐喻现象的具体表现形式。

7.1.1 口语和书面语的区分

在过去的几十年间,已经有大量研究讨论口语和书面语的差别。这些研究表明口语和书面语的差别体现在多个方面。在词汇层面,口语的词语更短,修饰语和词语变化更少(Drieman, 1962; Devito, 1966)。在句法层面,口语中使用的从句数量远少于书面语(O'Donnell, 1974; Kroll,

1977)。Chafe(1982)试图从表达的聚合程度和相关程度来解释口语和书面语之间的差别。在他看来,口语的聚合度不如书面语,但是相关度明显比书面语要高。从表现形式上来看,口语比书面语快捷,也更贴近交流对象。

到目前为止,Halliday(1985)对书面语和口语差异的研究最为全面。他的研究从语言演进、语音体系和语法复杂度几个方面对两种语言形式的差异进行了描述。Halliday(1985)认为仅仅看到书面语和口语在组织形式上的差异其实是不够的。他提出口语和书面语其实都有其复杂性,只是各自的表现不同。"书面语是静态的和密集的,而口语则是动态的和繁杂的。前者重在词语密度,而后者重在语法复杂度。"(Halliday,1985:87)

书面语和口语在复杂度上的差异在语法隐喻的表现形式上得到了不同的体现。在书面语中出现的概念隐喻能够有效地加大词汇密度,而口语中使用的人际隐喻则能增加语法复杂度。概念隐喻的表现形式是降低语法单位的级阶,比如本来由小句表达的语义被降阶到词组;而人际隐喻则表现为提升语法单位的级阶。第五章提到的以投射句来实现隐喻化的情态表达,就是将语法级阶由小句升级到小句复合体。而这些语法级阶的调整也间接地改变了词汇密度和语法复杂度。图7.1说明的正是上述变化之间的各种关系:

图 7.1 语法隐喻在口语和书面语中的表现形式差异

除了关注书面语和口语在形式上的差异,还有很多研究从社会语言学的角度为两者的差异做出了解释(Sacks,Schegloff and Jefferson,1974;Eggins and Slade,1997)。这些研究都表明,语境对口语的主要贡献在于限定语篇中词语的选择并建立交流双方的互动模式。

所有这些针对书面语和口语差异的研究成果对本研究的意义主要有三个。第一,口语语法隐喻研究有助于深化对口语本身特征的理解。如图7.1所示,语法隐喻在口语的语义资源扩充中扮演了重要的角色。但是迄今为止,对口语和口语中语法隐喻的研究都非常少,跟书面语研究无法相提并论。本章的内容能够极大地填补这方面的空白。第二,本章的分析必须依赖一个大型的口语语料库。由于口语和书面语之间的巨大差异,通过分析书面语获得的语法隐喻特征是无法套用到口语中的。要了解口语中语法隐喻的特征,就必须运用大型的口语语料库进行实证分析。第三,口语中语法隐喻的特征解释有赖于对其使用语境的细致分析。本研究的实证分析无疑会揭示口语中语法隐喻的重要特征,但实证研究本身并不能解释现象。为了找到特征背后的原因,我们必须对口语中语法隐喻出现的具体使用情景做进一步的分析,其中就包括交流对象的特征、话题的转换和社会环境的变迁等各种因素。

7.1.2 语法隐喻和汉语口语

正如 DeFrancis(1984)所说,关于汉语口语这一概念其实非常不精确。汉语是一个包含各种方言在内的大语系的总称。在中国各地使用的方言从发音特征到词语选择都有很大的不同,但是它们的书面语形式却是高度一致的,这导致了汉语口语和书面语在某种程度上的分离。本研究中所说的汉语口语专指普通话,所选用的语料库也是普通话语料库。

在选择和分析汉语口语语料库时有两个技术性的困难。第一,我们不知道口语中语法隐喻出现频率的高低。当分析汉语书面语中的语法隐喻时,我们只使用了一个相对较小的语料库,这是因为书面语中的语法隐喻出现频率非常高,语料不必太大也能有效地发现相关特征。但是口语的情况是未知的,到目前为止都没有人进行过这方面的细致研究。如果语法隐喻在口语中出现的频率非常低,我们就必须选择规模较大的语料库进行分析。为了确定这一点,本研究进行了一个预研究。

本书选取了一个包含6万个汉字的汉语口语语料库作为预研究的对象。虽然语料库的规模偏小,但是语料的选取有一定的原则,能够保证预分析的有效性。该语料库由即时性的录音材料组成,录音的对象是在一所新加坡大学工作的汉语母语使用者。录音对象的年龄从20岁到50岁不等,既有男性也有女性。语料库中包含日常对话、课堂教学、小组讨论和教师会议四种类型的口语语篇,每个类型语篇的数量为2个。

对该语料进行分析的基础是第四章建立的人际隐喻识别和分类框架。分析结果表明口语中的语法隐喻出现频率非常低,多数类型的语法隐喻在一个语篇中的出现次数少于5次,有些类型甚至只出现1次或者完全没有出现。而且语法隐喻在各语篇中分配得极不平均,有的语篇含有大量的语法隐喻,有的则为数很少。出现这一情况的根本原因就在于口语的不稳定性和具体语境对口语的巨大影响。由于汉语口语中语法隐喻的低频率和分布的不稳定性,本研究需要规模较大的口语语料库作为分析对象。

通过特定的词语或者结构来识别口语中的语法隐喻是实际分析中的另一个技术难题。在 4.5 节中,我们确定了三个在识别语法隐喻时至关重要的语法现象,其中的两个同口语中的语法隐喻有关,即特殊结构"是……的"和"有……"以及汉语中广泛使用的语气词。从预分析的结果来看,特殊结构的使用使语法隐喻的识别更容易,而语气词的使用则增加了该现象识别的难度。特殊结构在用词和形式上都有明显的标记,可以借此来进行计算机自动检索和分析。而汉语中语气词使用的最大特点是不需要改变原有表述的形式,区别特征和标记属性都不够明显。所以,无法利用语气词来进行自动检索,这在某种程度上加大了在大语料中分析语法隐喻现象的难度。为了解决这个问题,我们需要一个规模相对较小的语料库来进行人工分析。重要的是小语料的各方面特点必须和大语料保持一致,能够成为大语料的代表性样本。

7.2 语料库选择和语料分析

7.2.1 汉语语料库选择

考虑到前面分析过的各种制约因素,本研究选用了一个大型语料库和一个小型语料库作为分析的对象。语料库中的语料由广播和电视节目的录音转写而成。由真实的口语语料构成的大型语料库不容易获得。在过去的 50 年里,研究人员付出了巨大的努力,希望建立可靠的大型口语语料库,其中比较成熟和著名的包括 Oral Vocabulary of the Australian Worker Corpus (Schonell et al.,1956),London-Lund Corpus (Svartvik,1990),COBUILD Bank of English (Moon,1997) 和 British National Corpus (Crowdy,1993;Rundell,1995)。但是这些语料库都是针对英语或者其他西方语言开发的。由于汉语本身的复杂性和这方面的研究起步较晚,成熟的汉语口语语料库非常少。现在比较成熟的语料库都是从 90 年代开始在中国大陆、台湾地区和英国逐渐发展起来的。

Mandarin Conversational Dialogue Corpus (MCDC) 和 Mandarin Topic-oriented Conversation Corpus (MTCC) 这两个语料库是由台湾地区的"中研院"在 1997 年到 2001 年这段时间里开发建立的。每个语料库都包含三组大的语料,分别来自 20 多岁、30 多岁和 40 多岁的研究对象的对话录音。两个语料库包含的数据量分别是 12 万字和 20 万字,规模相对较小。The Lancaster Los Angeles Spoken Chinese Corpus (LLSCC) 是

在英国开发的汉语口语语料库,规模达到了 100 万字。语料库包括对话和独白,既有即时性的对话也有预先设计好的对话。该语料库可以分为七个小的语料库,包括对话、电话交流、戏剧和电影对白、电视脱口秀、辩论、口头叙述和背诵。在中国大陆建立开发的汉语口语语料库通常规模都比较大,其中的 Modern Spoken Chinese Corpus(MSCC,现代汉语口语语料库,中国社会科学院开发)预计规模要达到 10 亿字,而 Broadcast Media Spoken Chinese Corpus(BMSCC,有声媒体文本语料库,中国传媒大学和国家语言资源监测与研究有声媒体中心开发)截至 2013 年年底已经达到了 1 亿字的规模,是目前可用的最大规模的汉语口语语料库。

对现有汉语语料库的简要分析表明,这些语料库的规模和类型都无法和英语口语语料库相提并论。本研究需要一个大型的汉语口语语料库,规模较小的 MCDC 和 MTCC 自然不适合。而规模和类型都比较合适的 LLSCC 并没有对外开放,因而无法使用。本书最终选择 BMSCC 语料库作为分析对象,主要基于以下的考虑。BMSCC 是由广播和电视节目的录音构成的,语料收集时间从 2008 年到 2013 年,是比较现代的语料库。同时,在规模达到 1 亿字的语料中包含了 15781 个节目,根据其播出形式、栏目特征和涉及主题可以划分为更小的语料库,适合进行针对性的分析。为了提高研究的可靠性,作者对该语料库中的语篇进行了进一步的筛选。部分广播和电视节目是按照预先写好的稿件播出的,缺乏即时性特征,这类语篇在本研究中未被采用。经过筛选,本研究使用的语料共包括 4182 个汉语口语语篇,总规模约 2800 万字。

由于部分语法隐喻不适合进行计算机自动检索,本研究还需要一个小型的语料库用于手动分析。解决这一问题有两个途径,一个是使用预研究时使用过的小语料库,另一个是从大语料库中抽取一部分语篇构成小语料库。为了保证大小语料特征的一致性,本书采用了第二个途径。按照 Halliday(1978)的语域理论,语篇特征受到三大要素的制约,即语场(Field)、语式(Mode)和语旨(Tenor)。本研究所使用的大小语料都是口语语篇,在语式上已经没有分别。从大语料中抽取小语料时,要考虑语场和语旨这两个制约因素。也就是说,首先要考虑口语语篇的主题,其次要顾及说话人之间的关系。只要大小语料在这两点上保持一致,小语料就具备了很好的代表性。本研究以这两个因素为选择参数,从 BMSCC 语料库中抽取了一部分语篇构成了小语料。在考虑说话人的关系时,选取的标准是双方的关系是否平等。而对话主题方面,则要求小语料涵盖大语料的所有四大主题。在每个制约条件下均选取 5 个语篇,构成小语料,其特征分布如表 7.1 所示：

表 7.1 小语料的构成结构

关系	主题			
	新闻	人文	经济	社会
平等关系	5	5	5	5
不平等关系	5	5	5	5

如表 7.1 所示，小语料共包含 40 个语篇，总规模 25.3 万字。其中交流双方关系平等的语篇 20 个，关系不平等的语篇 20 个，同时每个主题都包含 10 个语篇。为了叙述的方便，研究中使用的大语料被称为语料 A，而从中抽取的小语料被称为语料 B。

7.2.2 语料分析

同书面语中语法隐喻的分析相类似，口语语料的分析也分为两个步骤，即语法隐喻的识别和语法隐喻的计算。识别的过程相对比较简单，通过 BMSCC 语料库本身所带的搜索引擎就可以完成对语料 A 的分析。对语料 B 有时需要进行手动分析，以弥补自动识别的不足。计算过程则包括对所识别实例的分类计算和统计分析。BMSCC 语料库的自动搜索功能主要是通过关键词搜索实现的。语料库允许使用者搜索单独的汉字，也可以利用词语和短语来完成搜索，甚至可以用一组关键词来进行搜索。多种多样的搜索方式可以帮助我们利用汉语书面语中的字词标记很快地完成识别的过程。搜索使用的关键字和关键词在第五章的分析中已经有了详细的论述，这里不再重复。BMSCC 语料库还为使用者开放了原始篇章的阅读权限，所有搜索的结果都可以通过阅读原始篇章在具体的语境中做进一步分析。使用者甚至可以下载搜索结果，为后期的使用做准备。BMSCC 的这些优良特性对本研究有很大助益，可以使我们很方便地识别和统计语法隐喻实例。

7.3 汉语口语中语法隐喻的分布特征

汉语口语中语法隐喻的分布特征研究是依据第五章中对人际隐喻的细致描述进行的。表 7.2 是具体类别统计的基本依据：

表 7.2　汉语口语中人际隐喻的具体分类

人际隐喻	分类
语气隐喻	1. 以疑问语气表达命令语义
	2. 以陈述语气表达命令语义
	3. 以疑问语气表达声明语义
	4. 以陈述语气表达质疑语义
情态隐喻	1. 可能性的隐喻式表达
	2. 规律性的隐喻式表达
	3. 强制性的隐喻式表达
	4. 倾向性的隐喻式表达

7.3.1　语气隐喻

第5.3.1节的分析表明语气隐喻的四个主要类型涉及两种主要的语法实现形式:1)普通语法形式和2)特殊语法形式。其中的普通语法形式只适用于三种语气隐喻类型,而特殊的语法形式则适用于所有的四个类型,如图7.2所示:

图 7.2　汉语语气隐喻的语法实现形式

对语气隐喻的分析就是按照图 7.2 中的顺序进行的。识别和计算的过程都是在分别考虑普通语法形式和特殊语法形式的情况下完成的。由此,所有的语气隐喻被分成了两组:1)普通形式组和2)特殊形式组。如图7.2所示,第1组同三种类型的语气隐喻相关,而第2组涉及了所有的四种语气隐喻形式。第 2 组中的特殊形式比较适合语料库的自动检索,而第 1 组需要进行手动分析。这主要是因为第 1 组中的语法隐喻多使用语气词作为标记,在形式上缺乏明显的特征。本研究对语料 B 中的 40 个语篇进行了人工分析,结果如表 7.3 所示:

表 7.3　普通语法形式语气隐喻的分布

普通语法形式	以疑问语气表达命令语义	以陈述语气表达命令语义	以疑问语气表达声明语义	总计
数量	2900（29×100）	5300（53×100）	14700（147×100）	22900
比例（%）	12.7	23.1	64.2	100

表 7.3 中的数据是分析 40 个语篇得到的。考虑到语料 B 的数量大体相当于总语料量的百分之一,将所得数据乘以 100,得到了这个语料库中语气隐喻分布的基本情况。从总体上来看,汉语口语中以声明语义为表达目的的语气隐喻占了大多数,几乎是总量的三分之二。同时,命令语义大多数情况下是由陈述句来表达的。换言之,很多时候人们并不愿意直接将命令说出口,而是采用了更委婉的方式。

对语料 A 的自动分析可以很直接地呈现出汉语中以特殊形式实现的语气隐喻的分布情况,如表 7.4 所示:

表 7.4　特殊语法形式语气隐喻的分布

特殊语法形式	以疑问语气表达命令语义	以陈述语气表达命令语义	以疑问语气表达声明语义	以陈述语气表达质疑语义	总计
数量	5441	6713	2928	3520	18602
比例（%）	29.2	36.1	15.8	18.9	100

表 7.4 说明同命令有关的语法隐喻占据了最高的比例,同时大多数命令语义是通过陈述句的形式进行表达的。

为了更清楚地说明汉语口语中语气隐喻的分布特征,我们可以把表 7.3 和表 7.4 的数据集成起来,如图 7.3 所示。

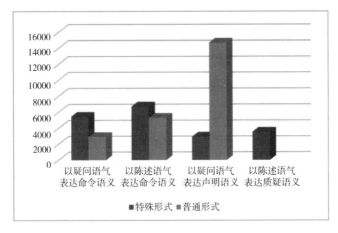

图 7.3　汉语语气隐喻的总体分布特征

从图 7.3 中,我们可以发现汉语口语中的语气隐喻具有下面一些基本特征:

1)汉语语气隐喻的表达呈现正常语法形式和特殊语法形式并重的态势,前者略占优势。特殊语法形式主要指一些特殊的句式,其中包括"还不……""不是……吗"和"我想知道/了解"。

2)疑问句在语气隐喻中的使用非常普遍,超过一半的语气隐喻都同疑问句有关。在大多数情况下,这些疑问句都被用来表达声明语义。

3)语气隐喻最常用来表达声明语义,其次是表达命令语义。

汉语口语中语气隐喻的这些特征或多或少地同人际交流中的礼貌原则有关。交流双方在谈话过程中为顾及对方的颜面,通常都不会把语义表达得过于直接。用疑问句来表达命令或者确定无疑的声明,就是典型的顾及对方感受的做法。从本节的分析结果我们可以看到,这种类型的表达已经占到了语气隐喻的大多数。这从另外一个侧面说明人们大多数时候都用委婉的表达方式,直截了当的一致式表达反而成了较为少见的情况。这一点其实很好地印证了 Halliday(1994)的观点,即隐喻式表达在很多情况下反而成了生活中的首选。

7.3.2　情态隐喻

汉语情态隐喻的识别和统计可以从两个方面展开:1)不同类型的情态隐喻;2)情态隐喻的语法实现形式。当我们把两个方面综合在一起时,就会出现表 7.5 所示的汉语情态隐喻的实现方式汇总:

表 7.5 汉语情态隐喻的实现方式

情态	实现形式	
	投射句	特殊结构
可能性	我相信 我估计 我想 我认为 我觉得	是可能的 有可能
规律性		是常有的
倾向性		是自愿的
强制性	我要求 我让 我允许	是必须的 有必要

本章首先探讨的是由投射句实现的情态隐喻如何分布。在汉语中,投射句只能用于可能性和强制性语义的表达。通过对语料 A 中投射句的识别和分析,我们可以得到以下的分布:

表 7.6 以投射句方式实现的情态隐喻分布

情态	投射句	数量	比例(%)	总计
可能性	我相信	12781	13.4	95052
	我估计	6780	7.1	
	我想	50012	52.6	
	我认为	12134	12.8	
	我觉得	13345	14.1	
强制性	我要求	497	21.6	2297
	我让	1680	73.2	
	我允许	120	5.2	
总计				97349

表 7.6 说明投射句主要用于可能性的表达。事实上,可能性表达的数量已经达到了强制性表达的 41 倍多。这一相差悬殊的分布特征说明汉语中的投射句在用于情态隐喻的表达时,主要同可能性语义的表达有关。

不同于投射句,"是……的"和"有……"这样的特殊结构可以用于所有类型的情态表达。它们在语料 A 中的出现频率如表 7.7 所示：

表 7.7 以特殊结构实现的情态隐喻的分布

情态	特殊结构	数量	总计	比例（%）
可能性	是可能的	398	4049	39.9
	有可能	3651		
强制性	是必须的	690	5458	53.8
	有必要	4768		
规律性	是常有的	380	380	3.8
倾向性	是自愿的	253	253	2.5
总计			10140	100

表 7.7 说明以特殊结构实现的情态隐喻在四种类型的情态表达中有不同的分布特征。特殊形式主要用于可能性和强制性的表达，而规律性和倾向性的表达只占到了总量的 6% 多一点。同表 7.6 中的分布特征不同，特殊形式用于可能性和强制性的表达比例比较平衡。表 7.6 和表 7.7 的对比还让我们看到，投射句形式的情态隐喻竟然达到了特殊结构表达的情态隐喻的 9 倍多。这种巨大的差异说明投射句在情态隐喻的实现中占有绝对的主导地位。为了更清楚地说明汉语口语中情态隐喻的分布特征，作者将表 7.6 和表 7.7 中的结果合并为图 7.4：

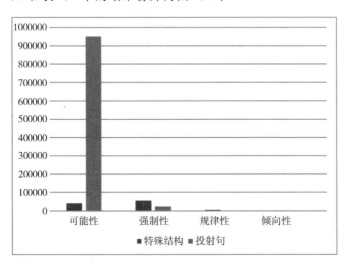

图 7.4 汉语情态隐喻的总体分布特征

图 7.4 说明汉语中的情态隐喻有两大基本分布特征：1)情态隐喻在四种情态表达中的分布极不平均；2)表达可能性语义的情态隐喻占有主导地位。换言之，在我们日常的口语交流中，绝大部分情态表达中的隐喻式选择都是为了说明事件发生的可能性。

本研究还分析了情态隐喻表达在等级上的分布特征。Halliday and Matthiessen（2004）认为各种类型的情态表达都可以分为高、中、低三个等级。级别的高低代表着情态表达中确定性的高低。作者对汉语口语中各类情态隐喻表达形式做了等级上的区分，每一种实现方式在语料中所出现的频率也都做出了标注，如表 7.8 所示：

表 7.8 汉语情态隐喻的等级分布

等级	可能性	规律性	强制性	倾向性	总计
高	我相信 （12781） 是可能的/有可能 （4049）	是常有的 （380）	我允许 （120） 是必须的/有必要 （5458）	是自愿的 （253）	23041 （21.4%）
中	我认为 （12134） 我觉得 （13345）		我要求 （497）		25976 （24.2%）
低	我估计 （6780） 我想 （50012）		我让 （1680）		58472 （54.4%）
总计	99101	380	7755	253	107489

表 7.8 说明在汉语的口语中低等级的情态隐喻更受青睐。超过半数的情态隐喻都在表达可能性和强制性并不高的语义，说明说话人在大多数情况下对自己提出的观点或者结论并不十分自信。汉语口语中情态隐喻的这种特征也能帮助我们理解为什么"是……的"和"有……"这样的特殊结构使用频率偏低。这类结构的情态等级都属于较高的级别，语义中确定性比较大，说话人只会在一些特殊的情况下才使用。

7.4 人际隐喻的跨语域分布

本节讨论的是语气隐喻和情态隐喻在不同的语域中有怎样的分布特征。前文提到,Halliday(1978)在提出语域理论时指出,语域可以从三个角度进行描述:

1) 语场:讨论的具体内容
2) 语旨:交流双方的关系
3) 语式:交流语言的形式

Eggins(2004)认为分析语场主要考虑当时的话题和讨论的范围。话题可以是专业性的也可以是日常性的,而范围则可能是特定的或普通的。分析语旨时要考虑的则是双方的地位、感情和亲密程度。而语式则主要同书面语和口语的区别有关。本章的研究是针对汉语口语的,因而需要考虑的主要是语场和语旨。所有需要考虑的因素都放在了表7.9中:

表7.9 语场和语旨分析中需要考虑的具体因素

语场	话题	专业
		日常
	范围	特定
		普通
语旨	地位	平等
		不平等
	感情	深厚(朋友、家人)
		浅淡(同事、客户)
	联系	频繁
		不频繁

构成语料库的语篇大多来自广播和电视节目。交流双方的感情交流程度比较浅,联系也并不频繁。所以在语旨分析中,交流双方的地位是否平等就成了最主要的变量。作者在抽取语料B时就有意地选取了两组语料,交流双方的地位分别是平等和不平等。在语场的分析中,话题和范围经常是联系在一起的,很多具备特定知识的专家参与广播和电视节目就是为了讨论比较专业的话题。本章在分析语场时,考虑的重点是话题的变化。综合这些因素,本节的分析聚焦在两个方面:

1) 语法隐喻使用和话题改变的关系；
2) 语法隐喻使用和交流双方地位改变的关系。

为了进行具体的分析，我们需要找到一个方法来表达不同类型语料中语法隐喻的使用程度。由于不同语料中语法隐喻的分布非常不平均，无法用总量来表示。本章使用的方法是计算某个类型语料中语法隐喻数量和语篇数量的比例。比如在以人文为话题的语篇中，表达可能性的语法隐喻一共出现了 201 次，而语篇的总数量是 318，这时语法隐喻的使用程度计算方式为：201/318＝0.63。

本研究使用的口语语料按话题可以分为四类：1)新闻，2)人文，3)经济，4)社会。语气隐喻在这四类语料中的分布如表 7.10 所示：

表 7.10　不同话题语料中的语气隐喻分布

话题	以疑问语气表达命令语义	以陈述语气表达命令语义	以疑问语气表达声明语义	以陈述语气表达质疑语义
新闻	0.17	0.28	1.03	0.08
人文	0.19	0.26	1.05	0.07
经济	0.21	0.29	1.01	0.08
社会	0.17	0.30	0.04	0.06

表 7.10 说明在不同话题的语料中，不同类型语气隐喻的分布没有明显的区别。也就是说，话题的改变对于汉语中语气隐喻的使用没有特别的影响。

四种情态隐喻中，规律性和倾向性表达在整个语料中的出现频率非常低，因而没有纳入分析范围。表 7.11 列出的主要是可能性和强制性两种情态隐喻在不同话题语篇中的分布。

表 7.11　不同话题语料中的情态隐喻分布

话题	可能性 （9679 例）	强制性 （787 例）	规律性 （39 例）	倾向性 （28 例）
新闻	3.11	0.18	未计算	未计算
人文	0.63	0.19	未计算	未计算
经济	1.74	0.15	未计算	未计算
社会	4.07	0.19	未计算	未计算

表 7.11 说明情态隐喻表达强制性语义时，在各种话题的语篇中分布

比较平均；而表达可能性语义时，在不同话题的语篇中分布差别很大：在以新闻和社会为话题的语料中呈现高频分布，而在人文和经济类语料中出现频率较低。新闻和社会话题属于日常话题，不需要太多的专业知识。人文和经济话题比较专业，只有少数人才能深入地讨论。电视节目中受邀担任嘉宾的人通常是所讨论领域内的专家，对讨论的内容都有充分的理解，也比较自信。这可能就解释了为什么在人文和经济类语料中表达可能性语义的情态隐喻出现得比较少。

要分析语法隐喻和社会地位变化之间的关系就更加复杂一些。作者从语料 A 中抽取了 17 个节目共计 2132 个口语语篇作为分析的对象。在这 17 个节目中，有 10 个节目中交流双方的地位相对平等，其余 7 个节目则相差较为悬殊。在这些语料中语法隐喻的分布特征如表 7.12 所示：

表 7.12　交流地位有差异的语篇中语法隐喻的分布

交流地位	语气隐喻			情态隐喻	
	以疑问语气表达命令语义	以陈述语气表达命令语义	以疑问语气表达声明语义	可能性	强制性
平等 （10 个节目 1287 个语篇）	0.10	0.24	0.83	2.01	0.15
不平等 （7 个节目 845 个语篇）	0.23	0.27	1.57	2.37	0.18

表 7.12 说明交流双方地位差异造成的最大影响是疑问语气在隐喻式表达中的使用。当双方的地位不平等时，疑问语气的使用量明显增大。对相关语篇的细致分析发现，疑问语气大多是由地位较低的一方使用的，最常见的就是节目的主持人向专家提问。而且，使用疑问语气主要是为了表达命令和声明语气，并非真的提出问题，在很大程度上是地位较低的人表达客套的方法。表 7.12 还说明情态隐喻的使用很少受到社会地位差异的影响，无论是可能性语义还是强制性语义的使用频率都没有受到交流双方地位差异的太大影响。

受时间和精力所限，本书并未进一步探究不同等级的情态隐喻是否受到了地位差异的影响，比如，我们可以分析在双方地位不平等时，地位较低的一方是否会避免使用确定性等级较高的情态隐喻。考虑到汉语口语中情态隐喻的巨大使用量,该思考方向有很多内容值得在未来研究中进行深入挖掘。

7.5 总结

通过本章对大型汉语口语语料库的细致分析,我们发现汉语口语中的语法隐喻呈现出了这样一些基本的特点:

1) 汉语口语中情态隐喻的使用量远大于语气隐喻;
2) 汉语口语中的语气隐喻主要以特殊语法形式来实现;
3) 疑问语气是汉语口语语气隐喻中出现得最频繁的语气类型;
4) 情态隐喻在汉语口语中的分布呈现了很高的不均衡性,其中可能性表达出现的频率最高。

综合考虑这些特点,我们会发现汉语口语中的语法隐喻无论在语义选择上还是在表达形式上,都呈现出了很强的倾向性。比如,语义上集中在可能性的表达,形式上多使用疑问句。由此可见,人们在口语交流中虽然大量使用隐喻式表达,但是这些表达是有着明显的选择性的。这实际上非常符合 Halliday and Matthiessen(1999)对语言系统性的看法,即语言系统由大量的选择构成,但是这一选择从来都是不均衡的。构式语法研究也提出要特别重视特定形式的使用频率(Goldberg,2006)。这些思路其实都是不谋而合的,反映了不同学派对语言本质的思考。本书的研究重点并不在于深度探索不同隐喻表达的比例关系,但是这方面的研究能够揭示语言的诸多特征。

为了找出社会因素对汉语口语语法隐喻的影响,本章还分析了不同语域中语法隐喻的使用特征。分析结果表明汉语语法隐喻的使用会受到语场和语旨变化的影响。由于所选语料的制约,本章的分析聚焦在话题的改变和社会关系的差别,证明这两个因素对语法隐喻的使用都有相当大的制约作用。若在未来研究中使用更多类型的语料,应该可以揭示出语法隐喻和社会因素之间更为复杂的关系。

第八章 汉英语法隐喻对比

　　根植于形式与意义互动的语法隐喻现象普遍存在于所有人类语言中。以往大量的语法隐喻研究集中于英语,而本书则专注于汉语中语法隐喻现象的分析。以前人的英语语法隐喻研究和本书前七章的研究结果为基础,我们可以对汉英两种语言中的语法隐喻现象进行系统的比较,找到其中的共性与差异。更重要的是,语法隐喻的汉英对比研究可以为我们提供新的视角,从语言类型学角度深入分析汉语语法隐喻诸多特征形成的背后原因。本章的讨论大体分为两大部分:第一部分是汉英语法隐喻的现象对比,对比的角度依照语法隐喻研究的整体思路,即从识别、分类和使用三个方向入手;第二部分是解释部分,借助语言类型学的分析,找到汉英语法隐喻各方面差异的成因。需要说明的是,语言类型学解释部分针对的仅仅是汉语中的概念隐喻,基本没有涉及人际隐喻。原因在于,人际隐喻的各方面特征和语言类型学差异的关系并不密切。

8.1 汉英语言类型学差异

　　本节的目的当然不是对汉语和英语的语言类型学差异进行全方位的描述。语法隐喻缘起于语义层和语法层的互动,因此本节只关注同这一互动过程有关的语言类型学差异。考虑到本书以系统功能语言学为基础,对比汉英差异时采用的是 Matthiessen(2004)以系统功能语言学为基础创立的类型学研究思路。具体地讲,对比分析从三个角度入手:1)语法单位排序;2)语法细致度;3)语法实现范畴。语法单位排序讨论汉语和英语中的词组、小句和小句复合体在表达相同语义时排序上有何差异。语法细致度关注两种语言在表达同样语义时,语法形式的精细程度是否会产生差异。语法实现范畴考虑的是同一个语义在汉语和英语中是否由同样的语法范畴来实现。本节具体的讨论以汉语分析为核心,英语分析作为参考。

8.1.1 语法单位排序

　　语法单位在不同语言中如何排序向来都是语言类型学研究关注的重

点。例如 Greenberg（1966）的语言类型学著作中就有过半的内容同语法单位排序有关。本节的讨论当然无法触及这一课题的所有方面，我们只是选取了同语法隐喻的表现形式关联最大的部分进行分析，而且依照小句复合体、小句和词组的顺序逐层向下推进。

小句复合体中的小句是依靠特定逻辑和语义关系连接在一起的。在第三章的分析中我们已经看到这些关系可以分为两组：结构上的并列或从属关系；逻辑上的扩充和投射关系。汉英两种语言在建构结构关系时表现出了诸多不同，最突出的是表达从属语义时的形式差异。汉语主句通常出现在从句之后，采用的是"β+α"的结构（α 代表主句，β 代表从句），而英语中的同类型表达则倾向于"α+β"的结构。

类型学研究对小句结构关注度最高的就是传统的主语（S）、动词（V）和宾语（O）在一种语言中如何排序。英语小句结构是典型的 SVO，而汉语被大多数语言学家认定为 SVO 结构（石毓智、李讷，2001）。两种语言在主干结构上的相似性，常常使大家忽略了它们在细微结构上的差异。在两种语言中，主动词构成的过程成分一般都要和环境成分搭配使用，但是两者在环境成分的出现顺序上很不一致。汉语中环境成分出现的默认位置是在过程之前，与之相反，英语中的环境成分通常出现在过程之后。

在汉英两种语言的主要词组类型中，名词词组的语序差别最大。名词词组中有多种修饰成分存在，英语中的这些成分可以灵活地出现在被修饰成分之前或之后。在汉语中，这些成分则只能出现在被修饰成分之前。由于汉语名词词组中的修饰成分可以是形容词、名词、各类词组甚至小句，要将大量的修饰成分置于被修饰成分之前会导致名词词组过长，这就决定了汉语名词词组中修饰成分的数量只能保持在有限的范围内。同时，这也就解释了为什么汉语中的名词不可能拥有太多的修饰成分。汉语和英语在名词词组结构上的差异对两种语言中语法隐喻的表现形式有非常大的影响。语法隐喻中的语义转移以名词为主要指向，两种语言在名词词组上的语序差异必然在语法隐喻的表现形式上有所体现。

对上述不同等级语法单位的对比分析进行总结，我们就会发现同语法隐喻密切相关的汉语语序特征可以总结如下：

1) 在构建从属性小句复合体时，主句总是出现在从句之后；
2) 小句中环境成分总是出现在过程成分之前；
3) 名词词组中的修饰成分总是出现在被修饰成分之前。

对汉语中的语法单位排序的总结说明了一个规律：汉语中的语法单位会以语义重要性来排列，越是语义重要的成分出现得就越晚。主句比从句重要,因而出现在从句之后;过程比环境重要,因而出现在环境之后;被修饰成分比修饰成分重要,因而出现在修饰成分之后。认识到这一规律对我们进一步分析汉语语法隐喻的特征有非常大的帮助。

8.1.2 语法细致度

同样的一个语义在不同的语言中很可能由不同的语法单位来实现。比如汉语中的线性时间通常由一组像"已经""很快""之前"这样的副词来表达,英语则拥有一个完整的时态体系用于线性时间概念的表述。从这一点上看,汉语在时间表达上的细致度比英语稍差。Halliday and Matthiessen(1999)发现汉语中很多语义的表达其实都是选择性的,在很多时候会避免不必要的细致描述。本节要分析的就是在汉英两种语言中,同语法隐喻有关的语法成分细致度是否存在差异。

8.1.2.1 词语层面

在词语层面,汉语更喜欢用概括性比较强的词语,具体的语义可以通过语境来判断。汉语中的名词和介词在这一点上表现得最为突出。

A. 名词

汉语名词在表达数量和格位的变化时不会改变其形式。Hansen(1983)认为汉语中的名词和英语中 cattle 和 snow 这类集合名词的语义非常接近。而且汉语名词在为事物命名时,重点在于划定范围而非表述概念,比如汉语中的"书"字就是这方面典型的例子:

(1) 请把书递给我。

在这一表达中,"书"可以专指一本书,也可以是很多本书,具体的情况要由交流双方在具体语境下确定。

汉语名词这种大而化之之特征使得汉语中的事物表述在不需要使用很多修饰成分的情况下就可以完成。当事物的表达要进一步细化时,就需要其他的手段。首先在数量上具体化时,会使用量词。汉语的量词使用是其区分于英语的突出特征。量词和数词相互配合,可以有效地完成数量上的精确表达。当语义上需要细化时,汉语会以特定名词为核心构建大量的下义词。下义词的结构通常是"修饰语+核心名词",如例(2)所示:

(2) 核心名词　　　　　　　下义词
　　 车　　　　　　　　　汽车、火车、战车、马车

B. 介词

在 3.2.3 节中我们已经看到汉语的介词在语义精确度上不如英语中

的介词高。这一特点主要还是由汉语中介词和动词的密切联系造成的。比如汉语中的介词"在"和英语中的 in 和 at 相比,语义精确度要低一些,很多时候需要一个像"上"和"里"这样的后缀成分来进一步说明。汉语介词词组这种"介词+名词+后缀"的形式是汉语语法隐喻一些特点产生的根源。

上述讨论专注于名词和介词,这并不意味着其他词类同语法细致度的问题无关。比如,Matthiessen(2004:584)就认为"汉语中的过程表达比英语要更加精确"。这主要是因为汉语和英语的动词在结构上有很大的差异。这些差异我们会在 8.2 节中再做详细讨论。

8.1.2.2　语法层面

汉语和英语在语法系统中同样存在着细致度上的差异。Halliday and Matthiessen(1999)认为汉语的语法系统倾向于使用非标记性和中性的形式来表达语义。这一特征在形态变化和时间表述方面体现得最为清楚。

A. 形态变化

各种语言的形态变化程度不尽相同。英语拥有大量的形态变化手段,以表达不同的语义。而汉语是公认的形态变化较少的语言,在大多数情况下不会通过形态变化来体现语义的改变。英语中很多由形态变化表达的语义,汉语采用了另外的形式,其中有四点最为突出。第一,主格宾格的转换通过语序的调整和介词来表达;第二,单复数的转换通过加入"一些"和"很多"这样的数量词描述表达;第三,主语和谓语之间的一致性通过语序的调整来表达;第四,时间的改变通过"了""过""在"和"着"这些时间助词来表达。这里的最后一点比较复杂,也是下面要专门讨论的问题。

B. 时间表述

汉语的时间表述方式同英语有很大的不同。这种不同主要是因为时间表述中时态和体态两个系统的存在。按照 Comrie(1976;1985)的观点,时态系统表述的是两个时间点之间的关系,而体态系统则着重描述当下的时间状态。英语倚重的是时态系统,而汉语使用的是体态系统。换言之,汉语的时间表述更在意当下的时间点而不是它同其他时间点的关系。汉语体态表达的具体方式就是时间助词的使用,主要包括"了""过""在"和"着"。"了"表示当下的事件已经发生,"过"表示事件已经完全结束,"在"和"着"都表示事件正在进行,但它们在句子中出现的位置不同。

汉语时间表述中有一点特别值得注意,即完全不使用时间助词也可以进行表述。对比下面这些例句,这一点体现得非常清楚。

(3) 我看着报。
　　我看过报。
　　我看了报。
　　我看报。

这组例句中的最后一句完全没有任何时间表述,但并不影响读者在具体语境中判断其语义。Halliday and Matthiessen(1999:304)认为,"英语的任何一个表述都必须在时态体系中有清楚的标记,汉语则可以进行完全中性的表述,不必给出时间标记"。事实上,在科技语体等正式的语篇中,汉语的这种时间中性化表述出现的频率相当高。

从上面的描述我们可以看到,汉语的词汇和语法体系都能够做到使用细致度较低的语法形式表达和英语中相同或相近的语义。由此可见,不同的语言在语法精确度上会有不同的选择。在上述讨论中,我们将词汇和语法体系分开来进行描述,在实际表达中它们常常是同时出现的。比如,在"车来了"这句话中,既有概括性的名词"车",也有时间助词"了"。

8.1.3　语法实现范畴

特定语义总要通过词汇语法层的各种选择加以实现。词汇和语法可以被看作是一个连续变化体的两端。不同语言中,同一个语义的实现形式在词汇语法连续变化体上的具体选择不尽相同。一种语言中需要通过词汇手段表达的语义,完全可以在另外一种语言中以语法的形式得以实现。同英语相比,汉语在语法实现形式上的特点集中体现在三个方面:1)事件状态表达;2)小句核心语义扩充;3)性状描述。本节逐一进行描述。

8.1.3.1　事件状态表达

事件状态的表达可以通过语法体系来实现,也可以通过词汇手段来实现,汉语更倾向于使用的是语法手段。汉语中有两种大的事件状态,即中性状态和完成状态。汉语中有一个完备的后缀词体系用于完成状态的表达。根据后缀词表达意义的不同,可以将它们分为两类:方向词和结果词。例(4)中的"进"就是方向后缀词:

(4) 他走进房间。

结果后缀词用于帮助动词结果的表达,如例(5)中的"到":

(5) 他买到了彩票。

同汉语不同,英语中的完成状态的表述完全由动词本身来实现。比如,当我们说 I cut a piece of string 时,就意味着被切的物品完全断成了两截,已经是一种完成的状态。而在汉语中就需要"切+断"这样的表述来说明这个完成状态。

需要进一步说明的是,汉语中的中性状态动词主要用来表达静止状态、客观事实和一致性的行为,比如"表述""说明"和"持续";而完成状态动词则表达动作的方向性和事件的结果,比如例子(4)和(5)的"走进"和"买到"。但是这两类动词从形式上看并没有明显的区分,都是 V+V 的结构。如果要从语义层面对这两类动词进行区分,最可靠的方式是在两个动词成分之间加入"得/不"。能够加入的就是完成状态动词,不能加入的就是中性状态动词。比如,"看到"中间可以加入"得/不",成为"看得到"和"看不到",就是完成状态动词;而"说明"和"介绍"这类中性状态动词则无法进行此类变化。由此可见,汉语中的中性状态动词和完成状态动词在功能表达上是不同的,前者只是表达"事件",而后者在功能属性上是"事件+拓展"。

8.1.3.2 小句核心语义扩充

Halliday and Matthiessen(1999)认为小句的核心是围绕过程成分搭建的。当小句的核心语义要进行扩充时,可以通过加入新成分的方式在小句层面实现,也可以通过扩充逻辑关系的方法在小句复合体层面实现。英语中的选择多半倾向于前者,而汉语则以后者为主要实现形式,而且这种情况下逻辑关系的扩充依赖的常常是汉语中的连动结构。

连动结构是汉语中非常有特点的一种动词使用方式,表现为两个或多个动词的连续出现(Chao,1968;Li and Thompson,1981;Matthews,2006)。我们对比例(6)中的中英文表述,就可以看清它的特点:

(6) 他用电脑写信。
　　He writes letters with his computer.

在中文表述中出现了"用"和"写"两个动词,而英文中使用的是一个动词和一个介词的搭配。换言之,中文是通过两个动词搭建起的逻辑关系来扩充语义,而英文则通过增加环境成分将语义扩充限制在小句之内。

通过上面的描述我们会发现,汉语在事件状态描述和小句核心语义扩充上表现出的特征都和汉语动词词组的特点有关。在第三章中我们已经看到,汉语的动词词组包含辅助成分(情态)、主动词和拓展成分。具体的表达中这三个成分的排列组合会形成多种表达模式,因而带来了汉语动词词组丰富的表达能力。这是很多汉语语法特点的根源所在。

8.1.3.3 性状描述

Matthiessen(2004:568—569)指出"对性状的描述既可以在名词词组里实现,也可以在小句中实现"。汉语和英语在这一点上有不同的选择,前者倾向于在小句中描述性状,而后者多数情况下在名词词组中进行性状描述。所以,汉语中的典型结构是"载体+性状",而英语中是"修饰词+事物"。由于这种选择上的倾向性,同样一个语义在汉语和英语中就可能有不同的表述。比如英语中的 She has long hair 在汉语中多半会表达为:

(7) 她头发很长。

这种例子不胜枚举,比如在汉语中我们说"这个国家环境优美",在英语中就要表达为 This country has a favorable environment。

总结本节的分析,我们会发现汉语和英语在语法单位排序、语法细致度和语法实现范畴上都表现出了不同程度的差异。汉语在语法单位排序上表现出了将重要成分后置的特点,其语法细致度总体而言没有英语那么高,同时汉语的语法实现范畴比英语更复杂一些。这些汉英差异都会直接或者间接地影响到汉英语法隐喻的表现形式。在下面两节,我们分别观察概念隐喻和人际隐喻在汉语和英语中到底有哪些差异。

8.2 汉英概念隐喻对比

语法隐喻研究的三大主题是识别、分类和使用,对比汉英概念隐喻也同样从这三个方面入手。在识别的部分,我们关注的主要是汉英概念隐喻在结构上的差异。类别的讨论聚焦汉英概念隐喻在细致的分类上有哪些异同。最后使用特点的部分重点分析两种语言中概念隐喻使用程度的差异。

8.2.1 识别特征

就汉英概念隐喻的识别特征而言,我们最关心的是一致式表达和隐喻式表达的形式差异。为了使思路更加清晰,本节对语义要素、构型和构型列的表达方式逐层进行分析。

8.2.1.1 语义要素实现形式的差异

语法隐喻涉及四种主要语义要素:事物、性状、过程和环境。它们都有自己对应的一致式和隐喻式语法实现形式。比如过程要素的一致式实现方式是动词,而隐喻式表达则可能是名词或者形容词。所以一致式和隐喻式表达在形式上的差异主要是由不同语法成分之间的结构差异造成的。

英语中各语法成分之间的差异有清晰的痕迹可寻,汉语中的这种差异则相对较为模糊。汉语进行语法成分之间的转化依赖的是语法手段,很少会改变词语的形态,这就必然导致汉语语义成分的一致式表达和隐喻式表达在结构上非常相似。

我们知道名词化是语法隐喻的一个主流趋势,所以名词化过程中词语形态的调整对语法隐喻的形式有特别重要的意义。英语中的名词化过程是由大量的词缀清楚地标记出来的,无论是动词、形容词还是其他词类向名词的转化都一目了然,以这种形式完成的名词化所涉及的一致式表达和隐喻式表达很容易被区分出来。在4.5.1节中我们看到汉语的名词化手段有两个,一个是完全不改变形态,另一个是加入"性""率""度"这些后缀。第二种方式是汉语受到西方语言影响的结果(Kubler,1985),事实上提高了一致式表达和隐喻式表达的区分度。但是这种区分同英语中的情况还是无法相比的。汉语的构词法遵循着既有的规律,采用的是"修饰词+主干"的方式,名词化过程中加入后缀常被作为主干统帅的一系列词组,比如:

(8) 频率
速率
周转率
折射率

总的来说,由于汉语名词化过程中的形态变化远不如英语明显,其一致式表达和隐喻式表达的形式差异也就没有英语中的那么大。

8.2.1.2 构型实现方式的差异

语义单位构型的一致式实现方式是小句,而隐喻式实现方式是词组。由于名词词组是隐喻式实现方式中最重要的形式,小句和名词词组之间的结构差异就成了我们分析的重点。当小句转化为名词词组时,小句中的成分有两个转移方向,即过程转化为事物,而其他成分转化为修饰成分。在这一点上,汉英两种语言并没有什么差异。但是转化后形成的结构在两者中却不大相同。对比图8.1中的实际例子,这一点会看得比较清楚。

	电子	在磁场中	运动
	参与者	环境	过程

汉语: ↓ ↓ ↓

	修饰语1	修饰语2	事物
	电子	在磁场中的	运动

英语：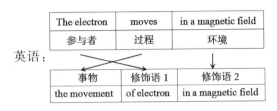

图 8.1 汉英构型实现方式对比

图 8.1 说明汉语的一致式和隐喻式表达方式之间的结构差异其实很小,各成分的排列顺序是一致的。如果不去仔细观察,我们不容易判断何者是一致式表达,何者是隐喻式表达。相比之下,英语从一致式到隐喻式表达的转化过程中,各成分的位置调整就明显得多,因而造成了比较大的结构差异。汉语各种词类之间在结构上的相似性,进一步缩小了一致式表达和隐喻式表达在形式上的区别。从图 8.1 中我们还可以看到,汉语一致式表达和隐喻式表达的唯一区别就是隐喻式表达中使用结构助词"的"。在很多情况下,"的"是完全可以不出现的,如例(9)所示:

(9) 一致式:硬盘高速转动。

　　隐喻式:硬盘高速转动(会……)

总的来说,汉语语义单位构型的一致式和隐喻式表达之间的形式差异要远小于英语。这种较小的差异由两种原因造成:1)缺少词类转换时的形式变化;2)汉语小句中各成分的排序。两者共同作用,使汉语的一致式表达和隐喻式表达呈现出极为相似的外在形式。这种形式上的相似性使得汉语隐喻式表达的识别度明显下降,汉语使用者对这类表达的敏感度也较低。

8.2.1.3 构型列实现形式的差异

构型列是由构型组合而成的,其主要的一致式表达和隐喻式表达是小句复合体和小句。汉语中小句和名词词组在结构上的相似性也导致小句复合体和小句的结构相似。从小句复合体到小句的转化有一种最为常见的形式,转化的结果是以"名词词组+动词+名词词组"为结构的小句。例(10)说明了这种情况:

(10) 一致式:力矩改变,子弹翻转。

　　隐喻式:力矩改变导致子弹翻转。

这个例子表明一致式和隐喻式表达的唯一区别是加入了动词"导致",其他的部分是完全一样的。当汉语的小句复合体被转化为带环境成分的小句时,这种结构上的相似性甚至表现得更为突出,如例(11)所示:

(11) 一致式:为了实验成功,我们准备了一系列方案。
隐喻式:为了实验的成功,我们准备了一系列方案。

综合上述分析,汉语中的一致式表达和隐喻式表达在形式上的相似性非常高。这种高相似性在语义要素、构型和构型列的表达中都能被观察到,是一个普遍的特征。重要的是,这种结构上的高相似性是由汉语的语言类型学特征造成的。在语义要素层面主要和语法实现的细致度有关,在构型和构型列层面,语法实现的细致度和语法单位的排列顺序同时发挥了作用。总结起来,汉语一致式表达和隐喻式表达在形式上的相似性主要同语法实现的细致度和语法单位的排序有关。

8.2.2 分类特征

通过第二章和第五章的讨论,我们已经看到汉英两种语言在语法隐喻大的分类上是一致的。但是这并不是说两种语言在语法隐喻的细致分类上就没有差别。这种差别主要集中在两个方面,分别涉及以"过程"和"环境"成分为出发点的成分转移。

8.2.2.1 以过程为出发点的成分转移

以过程成分为起点的语法隐喻共有两类:第2类和第5类。我们对比两类语法隐喻在汉语和英语中的细致分类就会发现以下差别:

表 8.1 汉英第 2 类和第 5 类语法隐喻细致分类的差别

语法隐喻类别	细致分类	
	英语	汉语
2.过程→事物	事件→事物	事件→事物
		事件＋拓展→事物
	辅助(时态、情态)→事物	辅助(情态)→事物
	意愿→事物	
5.过程→性状	事件→修饰语	事件→修饰语
		事件＋拓展→修饰语
	辅助(时态、情态)→修饰语	辅助(情态)→修饰语
	意愿→修饰语	

如表 8.1 所示,第 2 类语法隐喻中一个比较大的差别在于汉语中没有"意愿→事物"这个子类别。这主要是同汉语中的事件状态表达形式有关。

我们在 8.1.3.1 节中已经看到,汉语使用一套动词后缀来表达完成状态,而英语的主动词本身就表达了完成状态。但需要表示意愿状态时,英语就需要一些小的动词,如 try 和 attempt 来辅助,因而就有了一个"意愿→事物"的分类型。说到底,这种差异源于汉英两种语言中相同语义的语法实现范畴不同。

表 8.1 还说明,汉语第 2 类语法隐喻中多出了一个"事件+拓展→事物"的分类别。这个多出的分类别还是和汉语的动词后缀使用有关。汉语动词词组的复杂结构必然会导致汉语第 2 类语法隐喻从动词到名词的转化比英语里的情况更复杂。表 8.1 中另有一个差别是在"辅助→事物"这一转换中体现出来的。汉语的辅助成分只能用于情态的表达,而英语的辅助成分则包含时态和情态两种语义。这种差别的根源就在于汉语的语法表达细致度不如英语。

我们在表 8.1 中还可以看到汉英第 5 类语法隐喻的差异同第 2 类的差异是一样的。这些差异形成的原因也是相同的,这里不再详述。

8.2.2.2 以环境为出发点的成分转移

以环境为出发点的成分转移共有三类:第 3 类、第 6 类和第 8 类。环境成分主要由介词词组和副词来实现,考虑到副词的情况比较简单,这里讨论的主要是介词词组到修饰语的转移。汉语和英语在这方面的差异如表 8.2 所示:

表 8.2 汉英第 3、6、8 类语法隐喻细致分类的差别

语法隐喻类别	细致分类	
	英语	汉语
3. 环境→事物	次过程→事物 次过程+参与者→事物	次过程→事物 次过程+参与者→事物
6. 环境→性状	次过程→修饰语 参与者→修饰语 次过程+参与者→修饰语	次过程→修饰语 参与者→修饰语 次过程+参与者→修饰语 参与者+后缀→修饰语 次过程+参与者+后缀→修饰语
8. 环境→过程	次过程→过程 次过程+参与者→过程	次过程→过程

表8.2说明汉英两种语言在第3类语法隐喻的分类上是一致的,差别主要集中在第6类和第8类。很明显,这些差别和两种语言中的介词词组的结构差异关系密切。英语的介词词组只有"次过程＋参与者"这一个形式,汉语中则有"次过程＋参与者"和"次过程＋参与者＋后缀"两个形式。次过程是由介词实现的,出现两种形式的关键原因就是汉语中介词的语法表达细致度不够高。在表8.2中,我们还可以看到汉语中的环境成分可以整体被转化为隐喻式表达,也可以只保留"参与者＋后缀"的部分。在第一种情况下,原有的表达形式被完整地保留下来,如例(12)所示:

(12) 物体在真空中运动。
　　　物体在真空中的运动

第二种情况下,只保留了一部分,如例(13)所示:

(13) 物体在真空中运动。
　　　真空中的物体运动

我们可以看到在例(13)中,介词"在"被省略掉了。需要注意的是,两种转化方式在语义特征上其实是有差别的。

本节的分析说明汉英两种语言在概念隐喻的细致分类上是有差别的。这些差别出现的直接原因就在于,两种语言的语法表达细致度和语法实现范畴不同。具体地讲,第2类和第5类的差异可以从事件状态的语法实现范畴和时间表达方式上得到解释,而第6类和第8类的差异则主要是由汉英两种语言的词语表达细致度不同造成的。

8.2.3　使用程度

汉英概念隐喻的最后一个差别在于其使用程度。在第六章中,我们已经获得汉语书面语中语法隐喻使用程度的完整数据。英语中语法隐喻使用程度的数据主要来自 Ravelli(1985) 的研究。该研究的主要内容我们在第二章已经做过详细的回顾,这里只做简单介绍。Ravelli(1985) 的研究分析八个英语语篇,确定各类型语法隐喻在英语中的分布情况。由于该研究完成的时间比较早,其中的语法隐喻分类方法和本研究有所不同,这就造成了对比上的困难。为了解决这一问题,作者建立了两个研究中语法隐喻类别的对照表:

表 8.3 两个研究中语法隐喻分类的对照表

Ravelli (1985) 分类方法			本研究分类方法		
Type	Congruent	Metaphorical	Type	Congruent	Metaphorical
1a—1e	verbal group	nominal group	2	process	thing
2	verbal group	adjective	5	process	quality
3a	adjective	nominal group	1	quality	thing
3b	adverb	adjective	6	circumstance	quality
3c	adverb	nominal group	3	circumstance	thing
4a	modal adverb	adjective	6	circumstance	quality
4b	adjective	nominal group	1	quality	thing
5a	conjunction	nominal group	4	relator	thing
5b	conjunction	verbal group	9	relator	process
6	prep. phrase	verbal group	8	circumstance	process
7a	nominal group	adjective	13	thing	quality
7b	nominal group	nominal group	13	thing	quality
8a	ranking clause	embedded clause			
8b	ranking clause	embedded clause			
9	prep. phrase	adjective	6	circumstance	quality

如表 8.3 所示，Ravelli(1985)研究中大多数的语法隐喻类型都可以在本研究的分类中找到对应，只有 8a 和 8b 两个类别在本研究没有对应。原因在于，本研究没有将这两种转化作为语法隐喻处理。同时我们也注意到本研究中的一些语法隐喻类型在 Ravelli(1985)的研究中没有出现，其中包括第 7 类和第 10 类。这主要是因为 Ravelli(1985)受到当时研究条件的制约，没有认识到这些表述属于语法隐喻。为了弥补这一不足，本研究重新分析了 Ravelli 使用的语料，将这些类型的语法隐喻一一找出。通过这样的再处理，已经具备了将两个研究的成果进行对比的条件。本书首先计算了两个研究中语法隐喻和小句数量的总比例，观察汉英语法隐喻总的区别，结果如表 8.4 所示：

表 8.4 汉英语法隐喻整体使用程度差异

	语法隐喻总数	小句总数	语法隐喻使用程度
汉语	617	434	1.42
英语	271	151	1.79

表 8.4 中的对比结果说明,汉语中的语法隐喻使用程度整体上比英语要低。汉语语料都是来自理科教材,本身的语法隐喻使用就比较集中。如果是普通的汉语语料,语法隐喻的使用水平应该会更低一些。为了对这一现象进行解释,有必要对不同类型的语法隐喻使用做进一步的分析,看差别到底出自何处。为此,作者对比了汉英语料中每个类型语法隐喻的使用程度,结果如表 8.5 所示:

表 8.5 汉英语料中各类型语法隐喻使用程度对比

语法隐喻类型	中文语篇(434 个小句)		英文语篇(151 个小句)	
	语法隐喻数量	使用程度	语法隐喻数量	使用程度
1. 性状→事物	22	0.05	29	0.19
2. 过程→事物	205	0.47	112	0.74
3. 环境→事物	12	0.03	9	0.06
4. 连接→事物	6	0.01	2	0.01
5. 过程→性状	62	0.14	17	0.11
6. 环境→性状	119	0.27	49	0.33
7. 连接→性状	11	0.03	3	0.02
8. 环境→过程	8	0.02	1	0.01
9. 连接→过程	20	0.05	3	0.02
10. 连接→环境	20	0.05	5	0.03
11. ＋事物	12	0.03	3	0.02
12. ＋动词	15	0.03	5	0.03
13. 事物→性状	105	0.24	33	0.22
总计	617	1.42	271	1.79

表 8.5 说明汉语和英语中差别最大的是第 1 类和第 2 类语法隐喻,英语中第 1 类语法隐喻的使用程度几乎是汉语的四倍,第 2 类也接近两倍。所以,汉英语法隐喻使用程度的差异主要源自这两个语法隐喻使用程度的差异。第 1 类语法隐喻的差异明显同两种语言对性状的不同表达倾向有关。在 8.1.3.3 节中我们已经谈到,汉语倾向于将性状表达为关系过程中的属性成分,因此,汉语中第 1 类语法隐喻主要同"属性到事物"的转移有关。但是汉语中的属性在很多情况下不会被转化为事物。Halliday and Matthiessen(1999:305)也曾指出,"如果一定要把属性表达放在名词词组中,汉语更倾向于将属性成分首先放在小句中,然后将小句降阶为名词

词组中的修饰语"。比如"那个人很富有"这个小句转化为名词词组时通常都会是"很富有的人",其中的属性成分"富有"转化后依旧是嵌入式小句中的属性成分。本书在 6.3.1 中的分析已经对这一点进行了充分的说明。也正是由于这一特点,汉语中的第 1 类语法隐喻使用程度明显低于英语。

第 2 类语法隐喻使用程度较低的原因同汉语动词词组的复杂结构有关。本书的第三章详细讨论过汉语动词词组的多种多样的结构,并用表 3.5 加以总结。为便于展开本节的讨论,我们可以进一步丰富其中的内容,并且以表 8.6 的形式呈现:

表 8.6 汉语动词词组的主要类型

动词词组	功能成分及类别	例子
简单词组	1. 辅助＋事件(单音节词、中性状态的双音节词) 2. 事件(单音节词、中性状态的双音节词)	肯去、该解释 去、解释
合成词组	3. 辅助＋事件＋拓展(完成状态的双音节词) 4. 事件＋拓展（完成状态的双音节词)	会降低 降低
复杂词组	5. 辅助＋事件＋事件（以逻辑关系相联系的单音节词和双音节词） 6. 事件＋事件（以逻辑关系相联系的单音节词和双音节词）	要解释说 解释说

表 8.6 说明,汉语的动词词组拥有复杂多样的表现形式。从功能成分构成的角度观察,我们可以确定六个基本的类型。在实际的隐喻化表达中,受到汉语语言类型学特征的制约,并不是每一种类型的动词词组都能被转化为名词。上一节的讨论说明,只有简单词组和合成词组才有可能被转化为隐喻式名词形式,复杂词组基本不能实现到名词的转化。原因在于,复杂词组中两个事件和它们之间的逻辑关系很难被压缩到一个名词词组中。而简单词组和合成词组的名词化倾向也受到了诸多限制。简单词组中,单音节动词基本不会被转化为名词。汉语中类似"去""做""说"这样的动词几乎没有对应的名词化形式。表达单独事件的双音节动词才有可能被名词化,比如例(14)中的"眷恋":

(14) 一致式:每个人都会眷恋自己的故乡。
　　　隐喻式:每个人都有的对故乡的眷恋

而核心语义为"事件＋拓展"的合成动词词组,转化为名词时也会受到限制。这类词组表达完成状态,涉及事件结果(如"聚合")和事件方向(如

"走入")两个子类型。在很多情况下,事件结果类型的汉语动词词组更倾向于被转化为修饰语,如例(15)所示:

(15) 一致式:他买到了彩票。
　　　隐喻式:他买到的彩票

相对而言,事件方向类型的汉语动词词组被转化为名词的概率更低。综合上述各种情况,六类汉语动词词组中,只有两类能够被转化为名词,而且还受到诸多限制。这一特点在很大程度上决定了汉语中的第 2 类语法隐喻使用量偏低。

经过识别、分类和使用三个角度的对比,我们发现汉语和英语中语法隐喻主要有三大差异:

1) 同英语相比,汉语中的一致式和隐喻式表达方式在形式上更为接近;

2) 汉语和英语中大的语法隐喻分类一致,但是在细致分类上有很多差别;

3) 汉语中的语法隐喻使用程度在总体上低于英语。

更重要的是,通过上面的讨论我们也看到这三大差异同汉语和英语的语言类型学差异有密切的关系。图 8.2 总结了这种内在的联系:

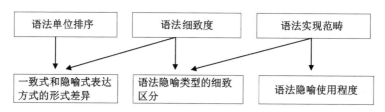

图 8.2　汉英语法隐喻差异和类型学差异的关系

8.3　汉英人际隐喻对比

汉语和英语中人际隐喻的对比研究依旧从识别、分类和使用三个角度展开,但是需要讨论的内容和上一节的概念隐喻对比有很大的不同。首先,我们不需要特别关注人际隐喻差异和语言类型学差异之间的联系。人际隐喻的主要表现形式是小句复合体,语言类型学差异在这个层级的影响比较有限。比如投射句形式人际隐喻的结构在汉语和英语中都非常稳定,不需要考虑语法单位排序的问题。其次,英语人际隐喻研究非常匮乏,仅仅停留在识别特征和分类标准阶段。在对比汉英人际隐喻使用程度时,找不到可供对比的依据。换言之,在开展对比之前,本节需要先对英语口语中人际隐喻的使用情况有所判断。为了不偏离全书主线,对于英语人际隐喻的研究不可能过于深入,只能得到较为粗略的数据。因此,汉英人际隐喻的对比达不到概念隐喻对比的细致程度。

8.3.1 识别特征

本书2.1节和2.2节介绍了英语人际隐喻的语法实现方式。其中,无论是在语气隐喻还是情态隐喻中,投射句都是重要的表现形式。就语气隐喻而言,英语中以第一人称 I 和第二人称 you 开始的投射句被广泛用于不同语气的隐喻式表达。比如 I ask you whether… 和 You tell me whether… 这类表达都能以陈述句的形式表达质疑语义,而 May I advise you to… 和 Could you believe that… 这类疑问句也可以表达声明语义。因此,Halliday and Matthiessen(2004)认为各种形式的投射句是英语中隐喻式语气表达的重要组成部分。当然,英语中也有以标准形式的陈述句来表达质疑语义,或者以标准形式的疑问句来实现声明语义的情况。语用学的言后行为(perlocutionary)研究对这类表达已经有充分的论述。

在英语情态隐喻的实现方式中,投射句是唯一的选择。第2.2节中详细介绍了英语情态隐喻的两种投射句形式,即主观型(subjective)和客观型(objective)。主观型指 I think/want 这类第一人称表达,客观型则是指 It's likely/usual/expected 这些以 it 开头的投射句。无论是哪种形式,英语情态隐喻最重要的识别特征就是投射句的使用。综合考虑语气隐喻和情态隐喻的表现形式,在分析英语中的人际隐喻时,投射句可以作为最明显的识别标志。这一特点也决定了英语中语气和情态系统的"一致式"和"隐喻式"表达有较为明显的形式区分。因此,英语语料中的人际隐喻非常便于识别和标记。

就识别特征而言,汉语人际隐喻和英语人际隐喻有很大的不同。在语气的隐喻式表达中,汉语主要使用正常句式和特殊结构。本书第5.3节对汉语语气隐喻的表达形式进行了细致的讨论。这些讨论表明,在使用正常句式进行语气的"隐喻式"表达时,对小句结构的调整幅度并不大。比如,用疑问句表达命令语义时,汉语主要依赖的是疑问词、语气词和"A 不 A"句式。这些表达形式和陈述句的形式差异很小。特别是借助语气词建构的疑问句,它们和陈述句的形式差异更是小到可以忽略不计。至于特殊结构实现的语气隐喻,其标记性要明确得多,但是还是基于正常句式进行的拓展。比如"难道……""还不……"常被用来以疑问句形式表达命令语义。

它们都是以正常句式为基础进行叠加,比如从"感谢警察叔叔"到"还不感谢警察叔叔"。这种叠加有时需要加入否定词,比如"难道"常常需要和"不"连用。但是从整体上看,这些特殊句式还是以正常句式为基础,对原有结构破坏并不大。汉语中也存在少量以投射句形式表达的语气隐喻,主要集中在以陈述句表达质疑语义。最典型的就是"我想知道/了解"这类句式,比如陈述句"我想知道开学的时间"表达的是质疑语义。和英语相比,汉语语气隐喻中投射句的使用范围非常有限,并不是语法实现形式的主体。

汉语情态隐喻对投射句的依赖也没有英语中那么强。前文提到,投射句是英语情态隐喻表达的唯一选择,也是识别"隐喻式"表达的最终形式依据。但是汉语情态隐喻表达的语法形式并不限于投射句。本书4.5节对汉语中的"是……的"结构和"有……"结构进行了重点讨论,指出它们是汉语情态隐喻表达的重要语法形式。这两种结构不属于投射句,但也不是小句结构的一部分,可以看作是介于小句复合体和小句之间的语法单位。这种介乎两个语法级阶之间的语法形式和汉语中的连动句式非常相似,同样是汉语中小句复合体和小句之间模糊边界的体现。这类结构不是本书讨论的重点,但是确实是汉语中特别值得注意的语法特征。

综合上述分析,汉英人际隐喻在识别特征上有较为明显的区别。就英语而言,投射句是人际隐喻最明显的识别特征,无论是语气隐喻还是情态隐喻都非常依赖投射句的使用。汉语的情况则有所不同,投射句并不是人际隐喻最重要的实现形式。汉语语气隐喻更加依赖正常句式和叠加于正常句式的特殊结构,其形式标记并不明显,"一致式"和"隐喻式"表达在表现形式上的差异并不大。汉语情态隐喻也有投射句之外的实现形式,选择更为多样化。因此,汉语人际隐喻的整体识别特征远没有英语人际隐喻那么明显,在实现形式上则比英语更加丰富多变。这一特点带来的影响也非常明显,即汉语人际隐喻的识别难度明显高于英语人际隐喻。汉语使用者面对的是一个选择更为多样、识别特征更不明显的人际隐喻系统。

8.3.2 分类特征

汉英人际隐喻在类别的划分上存在差异。但是这些差异体现在各类语气隐喻和情态隐喻的子类型上,就基本类型的划分而言,汉语和英语中的人际隐喻并无本质差异。考虑到人际隐喻整体上划分为语气隐喻和情态隐喻两大类型,我们逐一进行讨论。

汉语和英语中的语气隐喻在大的类别上都划分为四种:1)以疑问语气实现命令语义;2)以陈述语气实现命令语义;3)以疑问语气实现声明语义;4)以陈述语气实现质疑语义。这种大类上的一致性为我们比较汉英语气隐喻的使用程度提供了基础。但是再向下深入一层,两种语言在语气隐喻类别上的差异就比较明显了,而且这种差异主要源自两种语言中语气隐喻的不同语法实现手段。汉语中的两种主要语法实现手段是正常句式和特殊结构,而英语中则是正常句式和投射句。因此,汉英两种语言在语气隐喻类别上的主要差异在于语法形式是否为投射句。为了更好地说明这种差异,我们把两种语言语气隐喻的子类别在表8.7中列出。

表8.7 汉英语气隐喻类别对比

语义	类别	子类别	
		汉语	英语
命令	1.以疑问语气表达命令语义	i)正常疑问句	i)正常疑问句
		ii)特殊结构	ii)投射句
	2.以陈述语气表达命令语义	i)正常陈述句	i)正常陈述句
		ii)特殊结构	ii)投射句
声明	3.以疑问语气表达声明语义	i)正常疑问句	i)正常疑问句
		ii)特殊结构	ii)投射句
质疑	4.以陈述语气表达质疑语义	投射句	投射句

从表8.7不难看出,如果只是就语法实现形式对汉语和英语中的语气隐喻进行分类,大致可以分为两个类型,即正常句式和其他形式。对汉语而言,其他形式主要是特殊结构,而英语中的其他形式就是投射句。

投射句在情态隐喻类别中的重要性一样体现得非常清楚。划分情态隐喻类别时,无论汉语还是英语都可以从语义上划分为四个类型:1)可能性的隐喻式表达;2)规律性的隐喻式表达;3)强制性的隐喻式表达;4)倾向性的隐喻式表达。但是涉及具体的语法实现手段时,汉语和英语却表现出了明显的不同。英语中只有投射句一种语法实现方式,汉语则涉及多种语法实现方式。其中的差别可以通过表8.8得到清晰的呈现。

表 8.8 汉英情态隐喻类别对比

情态隐喻类别	子类别	
	汉语	英语
1.可能性的隐喻式表达	i)投射句 ii)"是……的"结构 iii)"有……"结构	投射句
2.规律性的隐喻式表达	"是……的"结构	投射句
3.强制性的隐喻式表达	i)投射句 ii)"是……的"结构 iii)"有……"结构	投射句
4.倾向性的隐喻式表达	"是……的"结构	投射句

综合分析汉语和英语中人际隐喻的分类情况,我们不难发现汉语涉及的类别更多,语法选择更为丰富,英语中的情况则相对简单一些,主要是围绕是否使用投射句进行区分。另外一个重要事实是,汉语和英语中的人际隐喻在大类别划分上是一致的,但在子类别上差异较为明显。这一事实表明,在对比汉英两种语言中人际隐喻的使用程度时,相关的统计学分析很难深入到子类别层级。因此,下一节的讨论中,我们重点关注汉英人际隐喻在大类别使用程度上的差异。

8.3.3 使用程度

本书第七章从多个角度分析了汉语中人际隐喻的特征,借助大规模口语语料对汉语中人际隐喻的使用情况进行了量化。在对比汉英人际隐喻的使用程度时,汉语的数据已经非常充足,但是前人研究中找不到英语中人际隐喻使用程度的数据。因此,本节首先选取合适的英语语料并加以分析,以获得英语人际隐喻使用程度的第一手数据,进而对比汉英人际隐喻的使用程度。

8.3.3.1 英语人际隐喻使用程度

在对比众多英语口语语料库后,本研究选择 COCA(Corpus of Contemporary American English)作为语料来源,计算英语中人际隐喻的使用程度。COCA 语料库是迄今为止规模最大、使用最广泛的英语语料库。截至2017年,其语料总规模达到5.6亿词,语篇数量22万篇,而且以每年2000万词的速度得到扩充。COCA语料库最大的优势在于各类型语料分布均衡。5.6亿规模的语料分为口语、文学、杂志、新闻和学术五个大类,每类的规模都在1.1亿到1.2亿词之间。本研究选用的就是COCA语料库中的口语部分。和第七章使用的BMSCC语料库类似,COCA口语部分同样来源于广播和电视节目内容的转写,而且涵盖美国的主要媒体。因此,COCA和BMSCC有很好的相似性和可比性,以这两个语料库为基础的汉英人际隐喻使用程度对比也就有了较高的可信度。

COCA语料库的口语部分共有42379个语篇,篇幅从200词到17000词不等,语篇的平均长度在2500词上下。本研究从42379个语篇中随机抽取十分之一作为语料A(4237个语篇),再按照兼顾不同节目类型的思路从语料A中抽取42个作为语料B。语料A和语料B的规模分别为997万词和11万词。按照本书一直秉持的思路,语料A和语料B担负不同的任务,前者用于关键词自动检索,后者服务于人工分析。人工分析的目的主要是为了揭示英语中无特殊形式标记的人际隐喻使用情况。这类表达通常都是正常句式,无法借助关键词进行检索。

在对语料A进行自动检索时,需要确定性较高的关键词或关键词组作为检索对象。比如在检索表达可能性语义的情态隐喻时,I think和It's likely就是确定性较高的检索对象。本书依据Halliday and Matthiessen (2004)的研究成果,对英语人际隐喻的检索对象进行了整理,其中的语气隐喻部分和情态隐喻部分分别如表8.9和表8.10所示。

表8.9 英语语气隐喻的常用投射句表达形式

语义	类别	检索对象:投射句形式
命令	1.以疑问语气表达命令语义	May I(we)ask you; May I(we)advise you
	2.以陈述语气表达命令语义	I want you; I advise you
声明	3.以疑问语气表达声明语义	May I assure you; Would you believe that
质疑	4.以陈述语气表达质疑语义	I wonder whether/if ; I ask you whether/if

需要说明的是,表8.9中并没有列出英语语气隐喻所有的投射句表达

形式,原因在于,有些表达形式非常罕见,没有必要穷尽所有的可能。表8.9依据的主要是 Halliday and Matthiessen(2004)的研究,具体可以参见本书表2.6的内容。为了使重点突出,表8.9列出的是使用频率最高的两个表达形式。除了投射句,英语中也有大量正常句式用于语气隐喻表达。由于这些表达没有明显的形式标志,无法进行自动检索,其使用程度的数据只能通过人工分析语料 B 获得。

表8.10列出了英语情态隐喻常用的投射句形式,依据的也是 Halliday and Matthiessen(2004)的研究成果。和表8.9类似,表8.10也没有穷尽所有的投射句表达形式,但是已经涵盖了最为常用的选择,足以支撑本研究。

表8.10 英语情态隐喻的常用投射句表达形式

情态隐喻类别	检索对象:投射句形式	
1. 可能性的隐喻式表达	I think I believe I suppose I consider I know I reckon I wonder	It's likely
2. 规律性的隐喻式表达		It's usual
3. 强制性的隐喻式表达	I want I wish I would like I desire I hope	It's expected
4. 倾向性的隐喻式表达		It's determined

依据上述识别标准,我们可以对语料 A 进行关键词检索,得到各种表达形式的使用频率。表8.11列出了语料 A 中投射句形式语气隐喻的使用量,数据具体到每个常用的表达形式。

表 8.11 语料中投射句形式语气隐喻的使用量

语义	类别	语料 A 中的使用量	总计
命令	1. 以疑问语气表达命令语义	May I(we)ask you：78 May I(we)advise you：61	139
命令	2. 以陈述语气表达命令语义	I want you：3109 I advise you：59	3168
声明	3. 以疑问语气表达声明语义	May I assure you：164 Would you believe that：90	254
质疑	4. 以陈述语气表达质疑语义	I wonder whether/if：262 I ask you whether/if：135	397
总计			3958

从表 8.11 不难看出,英语中投射句形式语气隐喻的出现频率并不高。在语料 A 的 4237 个语篇中只出现了 3958 次。以正常句式表达的语气隐喻的出现频率只能通过人工分析语料 B 的方法来进行估算。考虑到语料 B 的规模为语料 A 的百分之一,分析所得的数据被放大 100 倍,以呈现语料 A 中的使用情况。分析结果如表 8.12 所示：

表 8.12 英语正常句式形式语气隐喻的使用量

	以疑问语气表达命令语义	以陈述语气表达命令语义	以疑问语气表达声明语义	总计
数量	4300(43×100)	7500(75×100)	26300(263×100)	38100
比例（%）	11.3	19.7	69.0	100

从表 8.12 的数据看,英语语气隐喻的表达形式中,在数量上占主导地位的依旧是正常句式。将表 8.11 和表 8.12 的数据综合在一起,可以呈现英语中各类语气隐喻的整体分布状态,如图 8.3 所示：

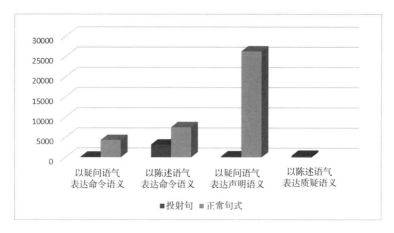

图 8.3 英语中各类语气隐喻的分布特征

图 8.3 说明,英语的各类语气隐喻中,疑问语气占据最大的比例,接近总数量的 75%。换言之,英语使用者主要以疑问句的形式来进行隐喻式语气表达。在不便直接使用祈使句来表达命令语义时,人们更倾向于使用疑问句。同样地,在可以使用陈述句表达声明语义时,人们依旧以疑问句为首要选择。在第七章的分析中,汉语的语气隐喻也呈现了相同的特征,疑问句也是最主要的隐喻式表达手段。关于这一点,下一节还会有更加深入的讨论。

英语中情态隐喻的实现手段只有投射句,分析起来相对简单。利用前文梳理过的识别标记,自动检索语料 A 可以得到表 8.13 中的数据:

表 8.13 语料中投射句形式情态隐喻的使用量

情态隐喻类别	语料 A 中的使用量		总计
1.可能性的隐喻式表达	I think:25615 I believe:1539 I suppose:238 I expect:88 I consider:49 I know:345 I reckon:25 I wonder:212	It's likely:63 It's possible:218	28392
	总计:28111	总计:281	

续表

情态隐喻类别	语料 A 中的使用量		总计
2. 规律性的隐喻式表达		It's usual:30	30
3. 强制性的隐喻式表达	I want:252 I wish:35 I would like:43 I desire:17 I hope:117	It's expected:26 It's hoped:36	526
	总计:464	总计:62	
4. 倾向性的隐喻式表达		It's determined:10	10
总计			28958

对表 8.13 的数据进行整合,就能够清楚地呈现英语中各类情态隐喻的分布特征,如图 8.4 所示:

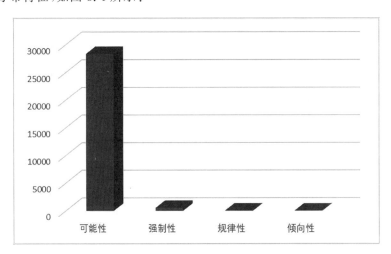

图 8.4 英语各类情态隐喻的分布特征

通过上述一系列分析,我们已经基本掌握了英语口语中人际隐喻使用程度的第一手数据。相较而言,本节的内容达不到第七章对汉语口语中人际隐喻分析的细致程度。一方面,针对英语人际隐喻使用程度的研究基本是一片空白,在缺乏前人研究的基础上,不可能进行更深入的分析。另一方面,本书的核心关注是汉语中的语法隐喻,不可能偏离主线做更多关于英语中人际隐喻的讨论。但是就本节的研究内容而言,已经能够为下一小节的汉英人际隐喻使用程度的对比提供坚实的基础。

8.3.3.2 汉英人际隐喻使用程度比较

对汉英人际隐喻使用程度的比较基于两部分内容:1)第七章对汉语人际隐喻的深入分析;2)上一小节内容对英语人际隐喻的初步探索。这两部分内容都基于大规模语料分析和各类人际隐喻的量化处理。为了能够一目了然地呈现这两部分研究的具体内容,我们首先将重要的数据汇总到表8.14中:

表 8.14 英汉人际隐喻分析数据汇总

	汉语	英语
语料 A 规模	2800 万字	997 万词
语篇总数量	4182	4237
语气隐喻总数	41502	42058
1. 正常句式	22900	38100
2. 特殊结构/投射句	18602	3958
情态隐喻总量	107489	28958
1. 投射句	97349	28958
2. 特殊结构	10140	
语气隐喻使用程度		
1. 每篇	9.92 个/篇	9.93 个/篇
2. 每万字/每万词	14.8 个/万字	42.1 个/万词
情态隐喻使用程度		
1. 每篇	25.7 个/篇	6.83 个/篇
2. 每万字/每万词	38.4 个/万字	29.1 个/万词

虽然表8.14只是对数据的简单汇总,我们还是可以从中读出很多信息。首先,汉语和英语语料的规模是基本相当的。两个语料的语篇数量几乎相同,汉语语篇的平均篇幅为6695字,英语语篇的平均篇幅为2353词。考虑到一个英语单词大体相当于1.5到2个汉字,汉英语篇的长度差别并没有数字显示的那么大。因此,表8.14中每个语篇人际隐喻的使用数量最具参考价值。当然,如果能够确定每个语篇中的小句数量,进而计算每个小句中人际隐喻的使用量,数据就更为直观。但是要确定如此大规模语料中的小句数量,已经超出了本研究能承受的工作量。因此,本节还是以每个语篇中人际隐喻的使用量为讨论的基础。

表 8.14 对语气隐喻和情态隐喻的使用程度是分开统计的,并没有计算两类人际隐喻的使用总量。原因在于,语气隐喻和情态隐喻的差别非常明显,使用目的也有较大区分,放在一起统计并无太大意义,反而淹没了一些重要事实。首先,就语气隐喻而言,汉语和英语语料中的总量非常接近,每个语篇中的使用量也基本相同。从这些数据看,汉语和英语中语气隐喻的使用程度相当接近,基本稳定在每个语篇 9.9 次的水平。但是,我们也应该看到,汉语和英语中的语气隐喻在使用细节上还有相当多的差异。汉语中以正常句式表达的语气隐喻只占总量的 55%,而英语中的这种情况达到了总量的 90%。这一差异说明,汉语和英语在实现语气隐喻时对语法实现手段的选择倾向并不相同,前者对正常句式的倚重程度远没有后者高。事实上,在实际的语料分析中不难发现,汉语中的很多语气隐喻都是通过"难道……""还不……"这类特殊结构来实现的。

表 8.14 无法反映出各类语气隐喻的使用程度,好在第七章的图 7.3 和本章的图 8.3 分别呈现了汉语和英语中各类语气隐喻的分布特征。为了更好地进行对比,我们将图 7.3 和图 8.3 中的数据组合在一起,如图 8.5 所示:

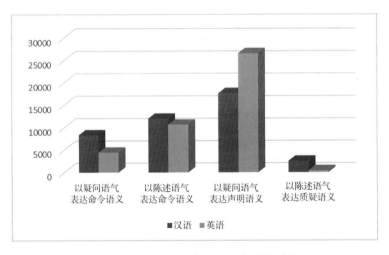

图 8.5　汉英各类语气隐喻分布特征对比

图 8.5 表明,汉语和英语中四类语气隐喻的分布特征基本相似,同样都是图中的第三类语气隐喻使用频率最高,第二类、第一类和第四类依次降低。疑问句在汉英语气隐喻的构成中都占据了主导地位,表明汉语和英语使用者都倾向于在交流过程中使用大量的疑问句来实现隐喻式表达。图 8.5 也说明,汉语和英语中不同语气隐喻的使用程度依然略有差异。比

如,汉语第三类语气隐喻和其他类别的比例关系没有英语中那么悬殊。

和语气隐喻相比,汉英两种语言情态隐喻的使用程度差异更加明显。从表8.14的数据看,汉语每个语篇中情态隐喻的平均使用量达到25.7个,英语中则仅有6.83个。在情态隐喻中,可能性语义的表达是绝对的主体,在汉语和英语中都超过了总量的90%。在汉语中,低等和中等强度可能性表达的出现频率非常高,特别是"我想""我认为""我觉得"和"我估计"这四种形式的使用尤其频繁,它们的使用量几乎达到了汉语情态隐喻使用量的75%。这类表达已经成为汉语口语中的一种通用模式,人们在提出观点时几乎都会以"我想""我认为""我觉得"之类的表达开头。可以说,在汉语口语中,以情态隐喻来降低观点的确定性已经成为一种标准做法。相较而言,英语中这种情况就要少得多。依据现有的数据,我们还无法判定汉语是否比英语更倾向于使用不确定性表达。未来在进一步分析语料的基础上,汉英确定性表达的对比非常值得深入探究。

第七章的图7.4和本章的图8.4分别呈现了汉语和英语中四类情态隐喻的分布特征。将两图中的数据组合在一起,可以获得汉英各类情态隐喻使用程度的对比结果,如图8.6所示:

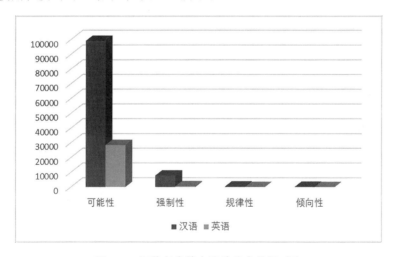

图8.6 汉英各类情态隐喻分布特征对比

抛开数量上的差异,图8.6表明在汉英两种语言中,表达可能性语义的情态隐喻是绝对的主体。这提示我们未来对情态隐喻的研究需要区分对待不同类别,具体分析应该以可能性语义为重点。

本节内容从识别特征、分类方法和使用程度三个角度入手,对汉语和英语中的人际隐喻进行了对比。和英语相比,汉语中人际隐喻的识别特征不够明显,汉语使用者对人际隐喻的识别相应难度更高。换言之,汉语中人际语义"一致式"表达和"隐喻式"表达的区分度并没有英语中那么高,两类表达之间的边界较为模糊。汉语使用者面对着更加灵活的表达形式选择,也更容易在"一致式"和"隐喻式"表达之间进行转换。对汉英人际隐喻分类影响最大的是投射句的使用。英语中的投射句是非常重要的隐喻表达形式,对情态隐喻而言更是唯一的表达形式。汉语中除投射句之外,还有许多特殊形式用于人际隐喻表达。因此,汉语语气隐喻和情态隐喻的子类别都比英语更为丰富。对汉语使用者而言,他们拥有更加丰富的人际隐喻表达形式。关于汉英人际隐喻使用程度的对比需要分别考虑语气隐喻和情态隐喻的情况。两种语言在语气隐喻的使用程度上比较接近,而情态隐喻则有较大差异。汉语中高频出现的中低程度可能性表达很可能是造成这种差异的重要原因。

8.4 总结

本章讨论的内容较为丰富,但是一直围绕着两条主线展开。第一条主线是汉英两种语言中的语法隐喻存在着哪些异同。为了回答这个问题,本章按照语法隐喻的三大研究方向,即识别、分类和使用,逐步进行了分析。汉语中"隐喻式"表达和"一致式"表达在形式上比较接近,导致汉语中无论是概念隐喻还是人际隐喻,其识别难度都大于英语。也可以说,汉语中语法隐喻的识别度没有英语那么高,汉语使用者对语法隐喻的敏感度较低。对两种语言中语法隐喻细致分类的对比分析使我们意识到,语言的差异必然会导致隐喻式表达在具体形式上的差异。

在概念隐喻和人际隐喻的类别划分上,汉语比英语表现出了更高的复杂性。特别是在子类别层面,汉语语法隐喻的子类别更加丰富,很多选择是英语中不存在的。从系统的角度看,汉语的语法隐喻系统显然比英语中的同类系统拥有更多选择节点,因而体系更加复杂。综合识别特征和分类特征我们不难发现,汉语中的语法隐喻更加复杂多变且不易识别,而英语中的语法隐喻相对规范且识别特征明显。这种差异对汉英互译会有相当大的影响,值得未来深入探讨。

就使用程度而言,汉英两种语言在概念隐喻和人际隐喻的使用上表现出了背离。汉语的概念隐喻使用程度低于英语,但是人际隐喻的使用程度则明显高于英语。深入一层,人际隐喻的两大类别中,语气隐喻在汉语和英语中的使用程度接近,情态隐喻则表现出明显差别。再进一步,汉英人际隐喻使用程度的差异主要源于情态表达,特别是和可能性语义有关的情态表达。事实上,是汉语中大量用于不确定性语义表达的句式,如"我觉得""我认为",导致汉语中的情态隐喻数量大增,进而使人际隐喻使用程度整体高于英语。

  本章的第二条主线是两种语言的类型学差异到底对概念隐喻造成了怎样的影响。这部分内容仅限于概念隐喻的讨论,并未涉及人际隐喻。本章首先用大量的篇幅细致描述和概念隐喻有关的汉英类型学差异,为进一步的分析提供了基础。随后的讨论针对汉语和英语中概念隐喻的各方面差异逐一展开。通过这两步工作,本章成功地建立起了概念隐喻差异和语言类型学差异之间的联系,充分说明汉语概念隐喻的诸多特征都根植于汉语的语言类型学属性。

第九章 结论与未来研究方向

本章的主要目的是对前面各章的内容进行总结,归纳有关的研究结论,并且指出未来语法隐喻研究的方向。在本书的第一章我们提出了本研究的三个目的:1)通过分析汉语增进对语法隐喻理论的理解;2)探讨汉语语法隐喻现象如何识别、分类和使用;3)揭示汉英两种语言在语法隐喻上的差异及其内在原因。为了实现这些研究目的,本书对汉语中的语法隐喻进行了全面和系统的分析,在研究方法上有两大特征。首先,本研究坚持在汉语的语言环境下研究语法隐喻现象,避免基于英语的研究对汉语语法隐喻研究造成干扰。为了做到这一点,本书专门用两章的内容对汉语中的语义和语法体系进行了彻底的描述,为语法隐喻研究打下了坚实的基础。其次,本书将理论分析和实证研究结合在一起,以更全面的视角来看待汉语中的语法隐喻现象。下面要谈到的研究结论和未来研究方向都和这两点有密不可分的关系。

9.1 研究结论

9.1.1 语法隐喻理论

本研究是在语法隐喻理论下展开的,但是本研究的一些发现也丰富了语法隐喻理论本身。本书的第一个理论发现来自第二章对语法隐喻研究的回顾。该回顾表明语法隐喻的研究中最关键的是三大方向:识别、分类和使用。未来关于语法隐喻的研究都可以从这三大方向展开。事实上,本书的主要章节正是依据这三大方向架构的。第四章和第五章以理论分析的形式讨论了汉语中语法隐喻的识别和分类,第六章和第七章分析了语法隐喻在汉语书面语和口语中的真实使用情况。

第二章的研究回顾还使我们看到语法隐喻的本质可以按三个大的主题来阐释,它们分别是语义语法层互动、跨语法层语义范畴和语义潜势扩充。三个主题中,语义语法层互动是识别语法隐喻现象的主要标准,跨语法层语义范畴是语法隐喻存在的基础,而语义潜势扩充是语法隐喻使用的最终目的。更重要的是,这三大主题是概念隐喻和人际隐喻所共有的。也就是说,语法隐喻在书面语和口语中的两大类型其实拥有共同的理论基础,它们不过是一个现象的两个侧面。这种认识有利于整合概念隐喻和人际隐喻研究,对语法隐喻理论的完善大有裨益。综上所述,本研究的理论价值在于丰富语法隐喻理论的内涵,使该理论更加完善,涵盖面更宽,有利于整合碎片化的语法隐喻研究。而且,这些发现是以大量实证研究为基础的,可信度非常高。

9.1.2 汉语中的语法隐喻

本书最重要的贡献当然是细致地描述了汉语中语法隐喻的各方面特征。为识别汉语中的语法隐喻,本书建立了完整的汉语语义和语法分析框架,可以用于概念隐喻和人际隐喻的细致分析。在识别汉语语法隐喻时,本研究从语法单位降级和语义要素转移两个角度展开。但是不同于以往的语法隐喻研究,这两个方面的分析被有机地结合在一起,并不存在割裂感。汉语语法隐喻的识别有其自身独特之处,这也是本研究特别关注的。汉语中的词类转移、语气词使用和特殊结构对语法隐喻现象的识别都有特别重要的意义。本研究对它们进行了细致分析,说明它们在语法隐喻识别时如何发生作用。

汉语语法隐喻的类别研究有两点发现特别值得注意。第一,两种语法隐喻类型,即概念隐喻和人际隐喻应该有各自不同的分类原则。概念隐喻的分类依据的是语法单位和语义要素的转移,有明确的踪迹可寻,简单直观,系统性比较强。但是人际隐喻缺乏这方面的特征,分类时要考虑的更多的是不同语气和情态的具体表达方式,内容比较烦琐。第二,汉语语法隐喻的具体分类受到该语言自身特征的极大制约,很多情况下需要建立特殊的语法隐喻类型才能如实地反映这些特征。

本书的第六章和第七章分别针对汉语书面语和口语中的语法隐喻使用进行了实证性研究,这也是前人研究中没有出现过的。这种实证性的分析为我们揭示了汉语语法隐喻的很多特征。首先就是语法隐喻现象在汉语中的分布特点。各类型的语法隐喻在汉语中的使用呈现极大的不平衡性,有些类型的使用量很大,有些则微不足道。这种现象无论在书面语还是在口语中都表现得非常明显。但是当我们透过数量本身去观察语法隐喻更深层次的特征时就会发现,数量的多少并不是决定性的因素。有些语法隐喻类型的数量不多,但是作用很大,它们是其他类型语法隐喻的背后推动力。发现这一特点的主要方法是分析语法隐喻集合体的使用情况,这是本研究的一大创新。如果在其他语言中做类似的分析,应该同样可以揭示语法隐喻使用的更多特征。

本研究并没有止步于简单的数量分析。为了探讨汉语中的语法隐喻使用同语境变化的内在关系,本书抽取了不同类型的语料,做了针对性更强的分析。书面语语料的分析使我们意识到汉语语法隐喻受到了语言复杂程度和语篇类型的制约。口语语料中语法隐喻的分析表明,在话题和社会地位出现变化时,语法隐喻的使用也会出现变化。总结起来,我们可以说汉语中的语法隐喻同语境因素的影响有莫大的关系。

9.1.3 汉英语法隐喻的差异

揭示汉英两种语言中语法隐喻的差异是本研究的另外一个贡献。这项工作具有很大的开创性,之前没有研究者系统性地开展。更重要的是,本研究通过分析汉语和英语的类型学差异找到了语法隐喻差异的背后原因。汉语和英语中的语法隐喻表现出了全方位的差异,无论在识别、分类和使用上都是如此。汉语中的一致式和隐喻式表达的差异比较小,使得汉语的语法隐喻识别度更低。但是这也使得隐喻式表达对于汉语使用者来说更容易接受。这一发现在某种程度上解释了汉语的专业化表述为何更容易被普通读者所接受。

不同语言中语法隐喻细致分类的差别其实反映了不同语言在类型学上的本质区别。汉语语法隐喻细致分类的特点大多可以在汉语的名词词组和动词词组的结构分析中找到根源。这或许可以提醒我们,在分析一种语言中的语法隐喻现象时,不能机械地套用其他语言中所建立的分类模式。本书另一个有趣的发现是汉语书面语中的语法隐喻使用程度低于英语,但口语中的情况则正好相反。这并不能说明英语和汉语谁更复杂,或者谁的表达能力更强。但是可以说明,不同语言面对语义资源扩充的需求,意义和形式互动的选择不尽相同。进一步的分析表明,语法隐喻使用程度的差异大多根植于汉语和英语多方面的语言类型学差异。

9.2 未来研究方向

本书是首个针对汉语语法隐喻的综合性研究。以此为基础,有很多未来的研究方向值得思考。本书建立的语法隐喻识别和分类的基本思路具有通用性,完全可以用于其他语言的研究,更可以用于不同语言中语法隐喻现象的对比分析。本书所揭示的汉英两种语言中语法隐喻的各种差异,可以在汉英对比分析和翻译研究中得到广泛的应用。语法隐喻是一种重要的语义表达资源,在汉英两种语言中都处于核心地位。如果将本书的研究成果运用在翻译过程中,可以有效地提高两种语言中隐喻式表达的翻译精确度。本研究的成果在语言教学中的作用也是不言而喻的。能够正确使用语法隐喻是语言使用者语言能力的重要体现。在汉语学习的过程中,可以利用本书的研究成果分析汉语学习者在使用隐喻式表达上所出现的问题。同时我们也必须看到,本书还有很多未尽的工作。比如对语义层和词汇语法层之间复杂关系的探索,本研究还只是窥豹一斑。对于语法隐喻和语言演变的关系,特别是语义成分在语言演变中的整体转移倾向,本书也仅仅完成了探索性的分析。细心的读者会发现,本书写作过程中留下了大量的线索,指出了许多有价值的未来研究方向。这些内容已经为作者未来的研究工作埋下了伏笔。

参考文献

Anderson, J. M. (1968) Ergative and Nominative in English. *Journal of Linguistics* 4: 1—32.

Aikhenvald, A. Y. (2006) Serial Verb Construction in Typological Perspective. In A. Y., Aikhenvald and R. M. W., Dixon (eds.) *Serial Verb Constructions: A Cross-linguistic Typology* 1—68. Oxford: Oxford University Press.

Austin, J. L. (1975) *How to Do Things with Words*. Cambridge, MA: Harvard University Press.

Banks, D. (2003) The Evolution of Grammatical Metaphor in Scientific Writing. In A.-M. Simon-Vandenbergen, M. Taverniers and L. J. Ravelli (eds.) *Grammatical Metaphor: Views from Systemic Functional Linguistics* 127—147. Amsterdam: John Benjamins.

Brown, P. and Levinson, S. C. (1987) *Politeness: Some Universals in Language Usage*. Cambridge: Cambridge University Press.

Byrnes, H. (2009) Emergent L2 German Writing Ability in a Curricular Context: A Longitudinal Study of Grammatical Metaphor. *Linguistics and Education* 20: 50—66.

Chafe, Wallace, L. (1982) Integration and Involvement in Speaking, Writing and Oral Literature. In Deborah Tannen (ed.) *Spoken and Written Language: Exploring Orality and Literacy* 35—54. New Jersey: Ablex Publishing Corporation.

Chao, Y. R. (1968) *A Grammar of Spoken Chinese*. Berkeley: University of California Press.

Chen, Y. (2001) *The Use of Grammatical Metaphor by EFL Learners and Their Language Proficiency*. Ph. D. Thesis. National University of Singapore.

Chu, Chauncey C. (1983) *A Reference Grammar of Mandarin Chinese for English Speaker*. New York: Peter Lang.

Comrie, B. (1976) *Aspect*. Cambridge: Cambridge University Press.

Comrie, B. (1985) *Tense*. Cambridge: Cambridge University Press.

Comrie, B. (1989) *Language Universals and Linguistic Typology* (2nd Edition). Chicago: The University of Chicago Press.

Crowdy, S. (1993) Spoken Corpus Design. *Literary and Linguistic Computing* 8(4): 259—265.

DeFrancis, J. (1984) *The Chinese Language: Fact and Fantasy*. Honolulu: University of Hawaii Press.

Derewianka, B. (1995) *Language Development in the Transition from Childhood to Adolescence: The role of Grammatical Metaphor*. Ph. D. Thesis. Macquarie University.

Devito, J. A. (1966) Psychogrammatical Factors in Oral and Written Discourse. In Eggins, S. (ed)(1994)*An Introduction to Systemic Functional Linguistics*. London: Pinter.

Drieman, G. H. J. (1962) Differences between Written and Spoken Language: An Exploratory Study. *Acta Psychologica* 20: 36—57.

Enç, M. (1991)The Semantics of Specificity. *Linguistic Inquiry* 22(1): 1—26.

Eggins, S. (1994) *An Introduction to Systemic Functional Linguistics*. London: Pinter.

Eggins, S. and Slade, D. (1997)*Analyzing Casual Conversation*. London: Cassell.

Eggins, S. (2004) *An Introduction to Systemic Functional Linguistics*. London: Continuum.

Fang, Yan, McDonald, E. and Cheng, Musheng(1995)*On Theme in Chinese: From Clause to Discourse*. In R. Hasan and P. H. Fries(eds)*On Subject and Theme: A Discourse Functional Perspective*. Amsterdam: John Benjamins.

Faraday, M. (1838) Experimental Researches in Electricity-Thirteenth Series. *Philosophical Transactions of the Royal Society* 128: 125—168.

Fillmore, C. (1968)The Case for Case. In E. Bach and R. Harms(eds)*Universals in Linguistic Theory* 1—88. New York: Holt, Rinehart and Winston.

Gamow, G. and Cleveland, J. M. (1976)*Physics: Foundations and Frontiers*. New Jersey: Prentice-Hall, Inc.

Greenberg, J. (1966) Some Universals of Grammar with Particular Reference to the Order of Meaningful Elements. In J. Greenberg(ed)*Universals of Language* 73—113. Cambridge: The MIT Press.

Goldberg, Adele E. (2006)*Constructions at Work: The Nature of Generalization in Language*. Oxford: Oxford University Press.

Halliday, M. A. K. (1956) Grammatical Categories in Modern Chinese. In G. Kress(ed)*Halliday: System and Function in Language*, 1976: 36—51. Oxford: Oxford University Press.

Halliday, M. A. K. (1975)*Learning How to Mean: Explorations in the Development of Language*. London: Edward Arnold.

Halliday, M. A. K. (1978)*Language as Social Semiotic: The Social Interpretation of Language and Meaning*. London: Edward Arnold.

Halliday, M. A. K. (1984a)Grammatical Metaphor in English and Chinese. In B. Hong (ed) *New Papers on Chinese Language Use*. Canberra: Australian National University.

Halliday, M. A. K. (1984b) Language as Code and Language as Behaviour: a Systemic-functional Interpretation of the Nature and Ontogenesis of Dialogue. In R. P. Fawcett, M. A. K. Halliday, S. Lamb and A. Makkai (eds) *The Semiotics of Culture and Language: Language As Social Semiotic* 3—36. London: Frances Pinter.

Halliday, M. A. K. (1985a) *An Introduction to Functional Grammar*. London: Edward Arnold.

Halliday, M. A. K. (1985b) *Spoken and Written Language*. Victoria: Deakin University Press.

Halliday, M. A. K. (1988) On the Language of Physical Science. In M. Ghadessy (ed) *Registers of Written English* 162—177. London: Pinter Publishers.

Halliday, M. A. K. (1993) Some Grammatical Problems in Scientific English. In M. A. K. Halliday and J. R. Martin (eds) *Writing Science: Literacy and Discursive Power* 69—85. London: Falmer.

Halliday, M. A. K. (1994) *An Introduction to Functional Grammar* (2nd edition). London: Edward Arnold.

Halliday, M. A. K. (1998) Things and Relations: Regrammaticising Experience as Technical Knowledge. In J. R. Martin and R. Veel (eds) *Reading Science: Critical and Functional Perspectives on Discourses of Science* 185—236. London: Routledge.

Halliday, M. A. K. (1999) Language and Knowledge: The "Unpacking" of Text. In D. Allison, L. Wee, Z. M. Bao and S. A. Abraham (eds) *Text in Education and Society* 157—178. Singapore: Singapore University Press.

Halliday, M. A. K. (2003) *On Language and Linguistics*. In J. Wester (ed) *Collected Works of M. A. K. Halliday*. Vol. 4. London: Continuum.

Halliday, M. A. K. and Matthiessen, C. M. I. M. (1999) *Construing Experience through Meaning: A Language-based Approach to Cognition*. London: Cassell.

Halliday, M. A. K. and Matthiessen, C. M. I. M. (2004) *An Introduction to Functional Grammar* (3rd edition). London: Edward Arnold.

Halliday, M. A. K. and McDonald, E. (2004) Metafunctional Profile of the Grammar of Chinese. In A. Caffarel, J. R. Martin and C. M. I. M. Matthiessen (eds.) *Language Typology: A Functional Perspective* 305—396. Amsterdam: John Benjamins.

Hansen, C. (1983) *Language and Logic in Ancient China*. Ann Arbor: University of Michigan Press.

Jones, J. (1991) Grammatical Metaphor and Technicality in Academic Writing: An Exploration of ESL and NS Student Texts. In F. Christie (ed) *Literacy in Social Processes: Papers from the Inaugural Australian Systemic Functional Linguistics*

Conference 178—198. Darwin: Centre for Studies of Language in Education Northern Territory University.

Kress, G. (1989) History and Language: Towards a Social Account of Linguistic Change. *Journal of Pragmatics* 13: 445—466.

Kroll, B. (1977) Combining Ideas in Written and Spoken English: A Look at Subordination and Coordination. In E. O. Keenan and T. L. Bennett (eds.) *Discourse across Time and Space*: 69—108. Los Angeles: University of Southern California.

Kubler, C. C. (1985) *A Study of Europeanized Grammar in Modern Written Chinese*. Taipei: Student Book Co. Ltd.

Lakoff, G. and Johnson, M. (1985) *Metaphors We Live By*. Chicago: The University of Chicago Press.

Li, C. and Thompson, S. A. (1981) *Mandarin Chinese: A Functional Reference Grammar*. Berkeley: University of California Press.

Liardét Cassi L. (2016) Grammatical Metaphor: Distinguishing Success. *Journal of English for Academic Purposes* 22:109—118.

Long, R. J. (1981) *Transitivity in Chinese*. M. A. Thesis. University of Sydney.

Lyons, J. (1977) *Semantics*. Cambridge: Cambridge University Press.

Martin, J. R. (1992) *English Text: System and Structure*. Amsterdam: John Benjamins.

Martin, J. R. (1993a) Life as a Noun: Arresting the Universe in Science and Humanities. In M. A. K. Halliday and J. R. Martin(eds) *Writing Science: Literacy and Discursive Power* 221—267. London: Falmer.

Martin, J. R. (1993b) Literacy in Science: Learning to Handle Text as Technology. In M. A. K. Halliday and J. R. Martin(eds) *Writing Science: Literacy and Discursive Power* 166—220. London: Falmer.

Martin, J. R., Matthiessen C. M. I. M. and Painter C. (1997) *Working with Functional Grammar*. London: Edward Arnold.

Matthews, S. (2006) On Serial Verb Constructions in Cantonese. In A. Y. Aikhenvald and R. M. W. Dixon(eds) *Serial Verb Constructions: A Cross-linguistic Typology* 69—87. Oxford: Oxford University Press.

Matthiessen, C. M. I. M. (2004) Descriptive Motifs and Generalizations. In A. Caffarel, J. R. Martin and C. M. I. M. Matthiessen(eds) *Language Typology: A Functional Perspective* 537—674. Amsterdam: John Benjamins.

McDonald, E. (1992) Outline of a Functional Grammar of Chinese for Teaching Purposes. *Language Sciences* 14(4): 435—458.

McDonald, E. (2004) Verb and Clause in Chinese Discourse: Issues of Constituency and Functionality. *Journal of Chinese Linguistics* 32(2): 200—248.

Melrose, R. (2003) 'Having things both ways': Grammatical Metaphor in a Systemic-functional Model of Language. In A.-M. Simon-Vandenbergen, M. Taverniers and L. J. Ravelli (eds) *Grammatical Metaphor: Views from Systemic Functional Linguistics* 417—442. Amsterdam: John Benjamins.

Moon, R. (1997) Vocabulary Connections: Multi-word Items in English. In Schmitt, N. and McCarthy, M. J. (eds.) *Vocabulary: Description, Acquisition and Pedagogy* 40—63. Cambridge: Cambridge University Press.

Newton, I. (1704) *Opticks, or a Treatise of the Reflexions, Refractions, Inflexions and Colours of Light.* New York: Dover Publications 1952 (London, G. Bell and Sons, 1931; based on the Fourth Edition, London 1730; originally published 1704).

O'Donnell, R. C. (1974) Syntactic Differences between Speech and Writing. *American Speech* 49: 102—110.

O'Halloran, K. L. (2005) *Mathematical Discourse: Language, Symbolism, and Visual Images.* London: Continuum.

Ouyang, X. (1986) *The Clause Complex in Chinese.* M. A. Thesis. University of Sydney.

Packard, J. L. (2000) *The Morphology of Chinese: A Linguistic and Cognitive Approach.* Cambridge: Cambridge University Press.

Painter, C. (2003) The Use of a Metaphorical Mode of Meaning in Early Language Development. In A.-M. Simon-Vandenbergen, M. Taverniers and L. J. Ravelli (eds) *Grammatical Metaphor: Views from Systemic Functional Linguistics* 151—167. Amsterdam: John Benjamins.

Palmer, F. R. (1994) *Grammatical Roles and Relation.* Cambridge: Cambridge University Press.

Palmer, F. R. (2001) *Mood and Modality.* Cambridge: Cambridge University Press.

Ravelli, L. (1985) *Metaphor, Mode and Complexity: An Exploration of Co-varying Patterns.* BA Dissertation. University of Sydney.

Ravelli, L. (2003) Integrating Theory and Practice in an Understanding of Grammatical Metaphor. In A.-M. Simon-Vandenbergen, M. Taverniers and L. J. Ravelli (eds) *Grammatical Metaphor: Views from Systemic Functional Linguistics* 37—64. Amsterdam: John Benjamins.

Rundell, M. (1995) The BNC: A Spoken Corpus. *Modern English Teacher* 4(2): 13—15.

Ryshina-Pankova, M. (2015) A meaning-based approach to the Study of Complexity in L2 Writing: The Case of Grammatical Metaphor. *Journal of Second Language Writing* 29:51—63.

Sacks, H., Schegloff, E. and Jefferson, G. (1974) A Simplest Systematics for the Organization of Turn-taking for Conversation. *Language* 50: 696—735.

Saussure, F. de (1959/2011) *Course in General Linguistics*. (Translated by Wade Baskin) New York: Columbia University Press.

Schonell, F., Meddleton, I., Shaw, B., Routh, M., Popham, D., Gill, G., Mackrell, G. and Stephens, C. (1956) *A Study of the Oral Vocabulary of Adults*. Brisbane: University of London Press.

Svartvik, J. (1990) *The London-Lund Corpus of Spoken English: Description and Research*. Lund: Lund University Press.

Tam, M. (1979) *A Grammatical Description of Transitivity in Mandarin Chinese with Special Reference to Correspondences with English Based on a Study of Texts in Translation*. PhD Thesis. University of London.

Taverniers, M. (2003) Grammatical Metaphor in SFL. In A.-M. Simon-Vandenbergen, M. Taverniers and L. J. Ravelli(eds) *Grammatical Metaphor: Views from Systemic Functional Linguistics* 5—33. Amsterdam: John Benjamins.

Thompson, G. (1996) *Introducing Functional Grammar*. London: Edward Arnold.

Thibault, P. J. (1991) Grammar, Technocracy and the Noun: Technocratic Values and Cognitive Linguistics. In E. Ventola (ed.) *Functional and Systemic Linguistics: Approaches and Uses*. 281—305. Berlin: Mouton de Gruyter.

Torr, J. and Simpson, A. (2003) The Emergence of Grammatical Metaphor: Literacy-oriented Expressions in the Everyday Speech of Young Children. In A.-M. Simon-Vandenbergen, Taverniers, M. and L. J. Ravelli (eds.) *Grammatical Metaphor: Views from Systemic Functional Linguistics*. 169—183. Amsterdam: John Benjamins.

Tsang, C. L. (1981) *A Semantic Study of Modal Auxiliary Verbs in Chinese*. PhD Thesis. Stanford University.

Tsao, F. U. (1979) *A Functional Study of Topic in Chinese: The First Step Towards Discourse Analysis*. Taipei: Student Book Co. Ltd.

Tsao, F. U. (1990) *Sentence and Clause Structure in Chinese: A Functional Perspective*. Taipei: Student Book Co. Ltd.

Tsung, T. H. (1986) *Circumstantial Elements in Chinese*. M. A. Thesis. University of Sydney.

Yang Y. N. (2008) Typological Interpretation of Differences between Chinese and English in Grammatical Metaphor. *Language Sciences* (30):450—478.

Veel, R. (1997) Learning How to Mean—Scientifically Speaking: Apprenticeship into Scientific Discourse in the Secondary School. In F. Christie and J. R. Martin(eds) *Genre and Institutions: Social Processes in the Workplace and School*. New York: Cassell.

Zhou, X. K. (1997) *Material and Relational Transitivity in Mandarin Chinese*. Ph.D. Thesis. University of Melbourne.

Zhu, Yongsheng(1996)Modality and Modulation in Chinese. In M. Berry, C. Butler, R. Fawcett and Guowen, Huang(eds.)*Meaning and Form: Systemic Functional Interpretations*. 183—210. Norwood, N. J.: Ablex Publishing Corporation.

岑绍基(2010)《语言功能与中文教学:系统功能语言学在中文教学上的应用》,香港:香港大学出版社。

陈夏南(2005)语法隐喻在商务英语合同中的应用和翻译,《江西师范大学学报》第6期。

丛迎旭(2011)概念语法隐喻研究的限制与扩展,《外国语》第5期。

范文芳(1999)名词化隐喻的语篇衔接功能,《外语研究》第1期。

范文芳(2007)试论语法隐喻的综合模式,《外语教学》第7期。

胡壮麟(2000)评语法隐喻的韩礼德模式,《外语教学与研究》第2期。

胡壮麟(2004)《认知隐喻学》,北京:北京大学出版社。

黄国文(2009)语法隐喻在翻译研究中的应用,《中国翻译》第1期。

贾 军(2005)语法隐喻在科技语言中的语篇功能,《南京航空航天大学学报》第1期。

江淑娟(2008)科技英语中的语法隐喻,《广西社会科学》第1期。

李瑞芳、孟令新(2004)第二语言学习中语法隐喻对语言输入的影响,《外语教学》第3期。

林正军、杨 忠(2010)语法隐喻的语义关系与转级向度研究,《外语教学与研究》第6期。

刘月华、潘文娱、故 韡(2004)《实用现代汉语语法》(增订本),北京:商务印书馆。

吕叔湘(1982)《中国文法要略》,北京:商务印书馆。

石毓智、李 讷(2001)《汉语语法化的历程》,北京:北京大学出版社。

王 力(1956)《中国现代语法》,北京:中华书局。

肖 英、吕晶晶(2007)语法隐喻理论对学术语篇翻译的指导作用,《西安外国语大学学报》第1期。

熊学亮、刘东虹(2005)英语学习中语法隐喻的迁移,《外语教学与研究》第2期。

许 婺、吴玲娟(2008)概念隐喻视角下的科技文本翻译,《上海翻译》第1期。

杨延宁(2019a)基于古英语语料的使役构式演化研究,《英语研究》第1期。

杨延宁(2019b)语言演变研究的系统功能模式——以古英语使役构式和古汉语动结构式分析为例,《中国外语》第1期。

张德禄、董 娟(2014)语法隐喻理论发展模式研究,《外语教学与研究》第1期。

张德禄、雷 茜(2013)语法隐喻研究在中国,《外语教学》第3期。

赵德全、宁志敏(2005)解读报刊英语中的语法隐喻,《国外外语教学》第1期。

朱德熙(1982)《语法讲义》,北京:商务印书馆。

朱永生、严世清(2000)语法隐喻理论的理据和贡献,《外语教学与研究》第2期。